股权合伙

做好避坑设计，创新组织模式

臧其超 著

中国经济出版社
CHINA ECONOMIC PUBLISHING HOUSE

图书在版编目（CIP）数据

股权合伙：做好避坑设计，创新组织模式 / 臧其超著 . -- 北京：中国经济出版社，2021.10

ISBN 978-7-5136-6568-1

Ⅰ . ①股…　Ⅱ . ①臧…　Ⅲ . ①股权管理—研究　Ⅳ . ① F271.2

中国版本图书馆 CIP 数据核字（2021）第 155530 号

责任编辑　严　莉
责任印制　巢新强
封面设计　夏海波

出版发行　中国经济出版社
印 刷 者　天津文林印务有限公司
经 销 者　各地新华书店
开　　本　787mm × 1092mm　1/16
印　　张　17
字　　数　228 千字
版　　次　2021 年 10 月第 1 版
印　　次　2021 年 10 月第 1 次
定　　价　69.80 元
广告经营许可证　京西工商广字第 8179 号

中国经济出版社 **网址** www. economyph. com **社址** 北京市东城区安定门外大街 58 号 **邮编** 100011
本版图书如存在印装质量问题，请与本社销售中心联系调换（联系电话：010 - 57512564）

目录

01 PART 无奈的股权内讧

合伙创业有一个无法绕过的重要问题——合伙人股权划分，创业公司股权划分的合理性直接决定着公司的走向和生死存亡。很多创业项目的失败不是败在人、产品或运营上，而是败于股权结构。股权结构不合理是创业企业发展的直接障碍和致命隐患。

02 PART “请君入瓮”的资本局

刘强东在哈佛演讲时提醒创业者：你拿到多少融资不是你的财富，你拿到多少融资，你将来就是要10倍、20倍还回去，风险投资的成本是全世界最高的。股权融资于企业而言是一把“双刃剑”，可以带来公司发展所急需的资金和人脉，同时也潜藏着风险。

03 PART 利弊双生的股权激励

在落实股权激励计划的过程中，有很多陷阱会让公司运营者遭遇风险。这并不是股权激励本身错了，而是我们没有正确处理股权激励所包含的复杂的利益关系。从根本上说，股权激励计划是一种利益杠杆，通过调整利益分配方式来发挥激励作用，利益分配不合理，自然会妨碍公司的正常运转。

04 PART 股权切割的是与非

合伙人合伙，就像结婚，有结婚，就有可能离婚。出于企业经营的各种原因，原始股东主动退出或是原始股东已经不符合公司的发展要求而退出的情况经常发生。这时，如果没有提前约定好股东的退出机制，就会给企业造成很大的困扰。

05 PART 初创企业股权分配的 6 个策略

创业团队及投资人的出现必然会涉及股权分配问题，科学合理的股权结构不仅能够使创始人掌握企业控制权，同时还能通过股权激励方式有效提升员工的积极性，进行股票增发为企业的发展引入足够的资金等。

06 PART 分股不分权的 6 种方法

有一些企业家既渴望通过分享股权来做大做强企业，又非常惜股，生怕丧失控股权，在分股与不分股间纠结，错失了股权分配的最佳时机。其实分股并不等于分掉话语权。股权里包含两种权利：财产权（钱）和话语权（权）。钱与权可以合二为一，也可以分而治之。

07 PART 股权激励的 5 道安全防线

进行股权激励的时候，一般会考虑这样一个问题，创始人或大股东的股权肯定会被转让一部分出去或因为增资而被稀释。那么，稀释股权之后如何保证其对公司的控制权呢？股权稀释后，创始人占有多大比例的股权合适？占多少才有控制权，才能保障自己的权利？

08 PART 如何看穿投资公司的骗局

企业融资，是利用外来的资金让企业得到更好发展或帮助企业渡过难关的。然而，一些中小企业和企业家由于缺乏金融知识、工商信息封闭和急于成功等，面对融资问题不够理智，为此付出了巨大的代价。

09 PART 合伙人“分手”后退出股权的 6 种机制

“投进去简单，退出来难，只有成功退出才算真正投资成功。”对于 VC / PE 而言，投资的重要环节是退出。如今，许多投资人在投资企业时，往往都是以在最合适的时机进行出售为目的。在最为合适的时机从企业退出，投资人就能将自己的投资回报最大化。可以说，在退出之后，投资的整个过程才算是真正完成。

01

无奈的股权内讧

合伙创业有一个无法绕过的重要问题——合伙人股权划分，创业公司股权划分的合理性直接决定着公司的走向和生死存亡。很多创业项目的失败不是败在人、产品或运营上，而是败于股权结构。股权结构不合理是创业企业发展的直接障碍和致命隐患。

1.1
平均分配：兄弟式合伙，仇人式散伙

很多合伙人创业颇具哥们义气，在股权分配上也不会过多计较，而是本着兄弟情深的出发点均分股权，要么是“二人五五对等”，要么是“三人平分天下”，却不知道这种设计恰恰是世界上最差的股权结构。

真功夫：家族企业的命运悲剧

1994 年，真功夫起步于东莞街边的一家餐饮店。创始人为潘宇海、潘敏峰、蔡达标三人。蔡达标和潘敏峰是小学同学，青梅竹马、两小无猜，长大后顺理成章地组成了家庭。结婚之后，蔡达标、潘敏峰和潘敏峰的弟弟潘宇海一起经营一家餐饮企业，即“真功夫”的前身。潘宇海给了姐夫和姐姐二人共 50% 的股权（见图 1-1）。蔡达标形象好，口才好，脑子也灵活，主管市场开拓。潘宇海厨艺好，手艺高，所以主管店铺经营。股份均分、家族经营、夫妻共持，这些在小店来说没什么问题，但却为 15 年后发生的一切埋下了伏笔。

1997 年，潘宇海与蔡达标二人将“电脑程控蒸汽柜”引入中式快餐烹饪，实现了中式快餐的标准化、规模化加工，原来的小店也因此蜕变为标准化的中式快餐连锁店，并改组为“东莞市双种子饮食有限

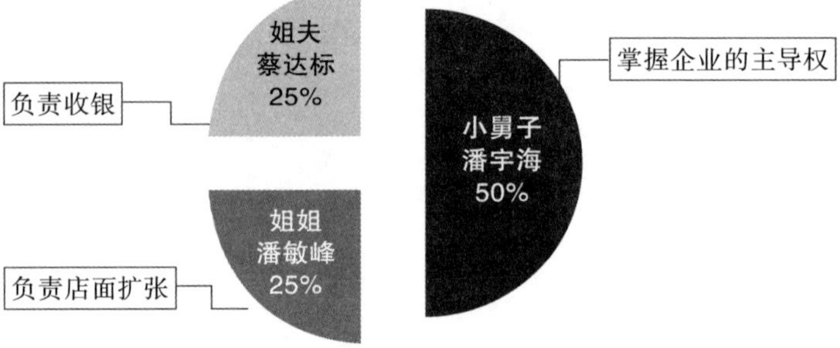

图1-1　真功夫创业初期的股权分配及权责划分

公司”，在东莞迅速扩张。潘宇海担任双种子公司董事长、总裁，股权结构不变。

在初创阶段，大厨出身的潘宇海始终掌握着餐厅的主导权。但在“电脑程控蒸汽柜”等一系列设备实现了中式快餐的标准化之后，企业规模越来越大，对潘宇海的依赖越来越弱。相反，随着企业规模的扩大，蔡达标在谋篇布局、制定战略、策划及经营方面的才能得以体现，并逐步强化了其在公司的地位。

2003年，双种子公司的总裁改由蔡达标担任。据媒体报道，蔡达标与潘宇海二人口头协议，5年换届一次，轮流“坐庄”。次年，双种子公司走出东莞，进入广州和深圳开店。在遭遇了开局不利之后，启用“真功夫”新品牌取代“双种子”，以打开一线城市市场。此后数年，“真功夫”迅速蹿升为国内中式快餐连锁的一线品牌，蔡达标也因此跻身知名企业家行列，并被外界视为真功夫的真正代言人。

就在“真功夫”发展进入顶峰之际，蔡达标开始密谋一系列以去家族化为名的夺权之争。首先是联合律师秘密制订了让创始人潘宇海退出公司的脱壳计划，同时蔡达标还引进了两家风投公司，一家叫今日资本，另一家叫中山联动，并且以估值50亿元的价格，融资3亿元人民币，释放了6%的股权（见图1-2）。今日资本和中山联动各占3%，蔡达标和潘宇海各自持有47%。随后，蔡达标联合律师反手控制了中山联动3%的股权，进而蔡达标就可以控制真功夫50%的股权，已经超过了潘宇海持有的47%的股份。从这个角度来看，当时潘宇海基本上已经大权旁落，脱离了核心圈层。

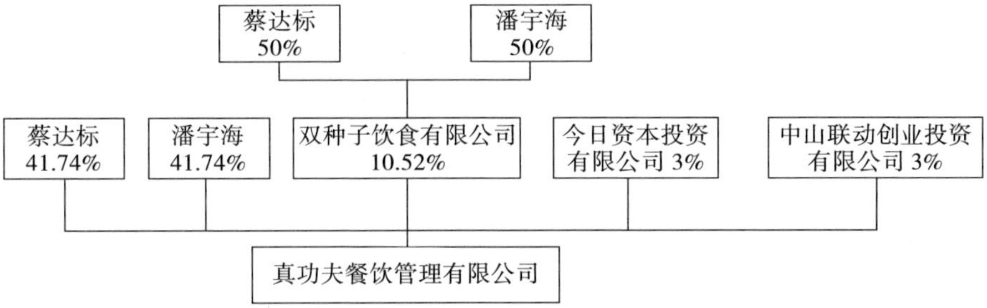

图1-2 引入资本后的真功夫股权分配

双方权力的失衡令昔日的合作伙伴嫌隙渐生，而蔡达标与潘敏峰婚姻的解体则令蔡、潘两家的关系雪上加霜，两家由此陷入了旷日持久的家族内斗。

然而在外界看来，在过去的数年里，这场家族企业的家庭成员之间的争斗已然演变为真功夫企业内部股东之间关于股权、控制权、管理权的近乎白热化的争斗。最终，潘宇海借助司法的力量将前董事长蔡达标送进监狱，自己重新获得了真功夫的完全控制权。

数年来，围绕真功夫的控制权，蔡达标代表的职业经理人与潘宇海代表的家族经营者这两股势力展开了激烈争斗，其间不顾大局拆台、“脱壳计划”暗战、股权转让骗局层出不穷，明枪暗箭，步步惊心。

可共患难而不能共富贵，在中国式商业土壤上，真功夫的祸根其实从开始即已种下，“双头制家族治理”模式，使得各方在面对巨大利益诱惑时，谁也不肯让步。

几番腥风血雨之后，蔡达标锒铛入狱，潘宇海大权独揽，看似胜负已定，实则两败俱伤——内斗让当年蔡达标为“去家族化”、推行现代公司治理而聚合的职业经理人团队悉数离去，真功夫发展降速，融资不畅，上市遇挫，估值缩水，痛失好局。

从这一点上来说，这场战争，没有赢家。

雷士照明的控制权之争

1998 年底，吴长江和两位老同学合资在广东惠州成立了雷士照明，吴长江出 45 万元，持股 45%，另外两个人各出 27.5 万元，各持股 27.5%（见图 1-3）。

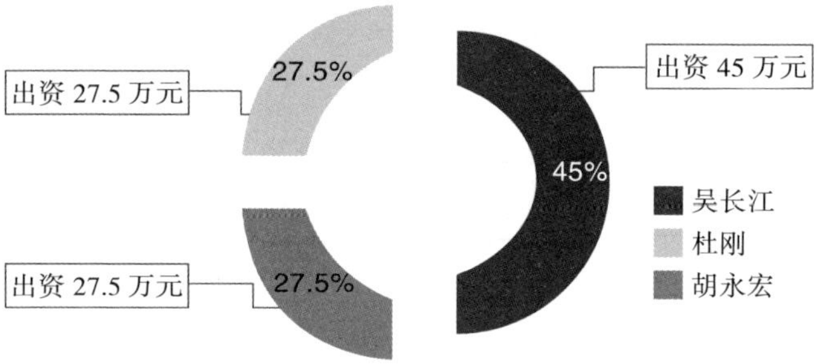

图1-3 雷士照明股权比例

从股权结构来看，吴长江是占比 45% 的单一大股东，而相较于两位同学的合计持股，他又是小股东。当时三人商量的结果就是，大家跟着吴长江一起干，但是如果吴长江一意孤行的话，另外两个人也可以制约他。

2002 年，三个合伙人开始有了分歧，最核心的问题就在于赚的钱应该怎么用。吴长江主张扩张，将赚的钱投入公司再发展，而其他两位股东则希望分红。

接着，雷士照明进行了一次股权调整，三人的股份被均分成了三份，均为 33.3%，而且工资、分红也完全均等（见图 1-4）。对于此次股权调整，吴长江的解释是公司分红时，他拿得最多，另外两个人心里不舒服，于是他决定主动稀释自己的股权，维持这份兄弟情。

至此，雷士照明彻底变成了一个平均主义的公司，然而这个平均主义的可怕之处在于，三位股东之间的隔阂已经无法弥补。

2005 年，吴长江准备成立各省运营中心，这件事最终导致 11 月公司股东的彻底分家。关于分家的原因，雷士照明的官方描述是三位股东在经销商关系上出现了严重分歧，销售渠道改革方案无法推进。

双方寸步不让，直至最后摊牌。由于其他两位股东的股份超过吴

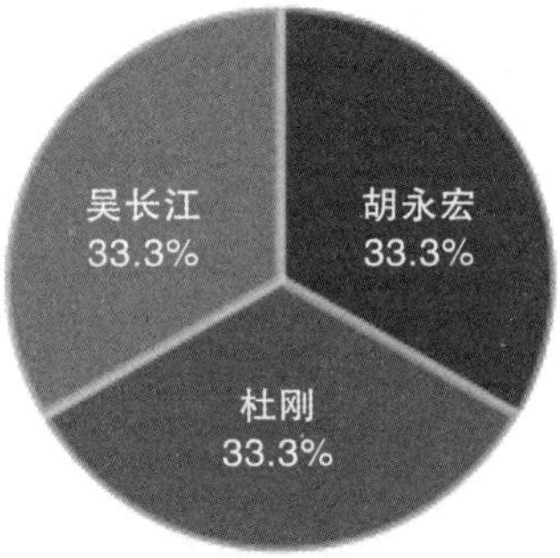

图1–4 雷士照明调整后的股权比例

长江，他被要求拿8000万元彻底退出雷士照明。随后，戏剧性的一幕上演，经销商们集体“倒戈”，要求吴长江留下重掌企业大权。经过投票，其余两名股东被迫各拿8000万元离开雷士照明。吴长江反败为胜，获得了100%的控制权。

如今，复盘这场变局，唯一能看清的是，吴长江在选择供应商、运营商的策略上棋高数招。经销商在生意上依赖雷士照明，情感上依靠白手起家的吴长江，这种微妙的捆绑关系让吴长江牢牢把控着公司的核心竞争力。但兄弟式合伙以仇人式散伙落幕却让人不胜感慨。事实上，在三个人合伙创业时，吴长江完全可以拥有绝对的控股权，只要他再多出6万元，他就可以获得51%的股权占比，也就不会出现后面的股权风波了。

这一次的险胜并没有让吴长江吸取经验教训，在后来的10年里，他又先后因为失去控股权被其他合伙人“踢出局”。2014年11月，吴长江彻底离开了自己辛辛苦苦经营12年的雷士照明。

褚橙传承之困扰

2019年3月5日，在经历人生无数的风雨后，中国最具争议的企业家之一——91岁的褚橙创始人褚时健与世长辞。

王石曾用巴顿将军的名言评价褚时健：“衡量一个人成功的标志，

不是看他登到顶峰的高度，而是看他跌到低谷的反弹力。”

这或许是对褚老最大的褒奖！但我们如今却不得不担心褚橙最大的危机——因股权架构不合理而埋藏的地雷。

2007 年，褚橙过剩危机爆发，李亚鑫、任书逸（褚时健的外孙女）夫妇回国效力，为褚橙电商化及热销、褚时健个人 IP 打造等立下汗马功劳。

2013 年 4 月，由任书逸任法人代表的褚橙果品有限公司成立，注册资金为 500 万元，股权架构如图 1-5 所示。

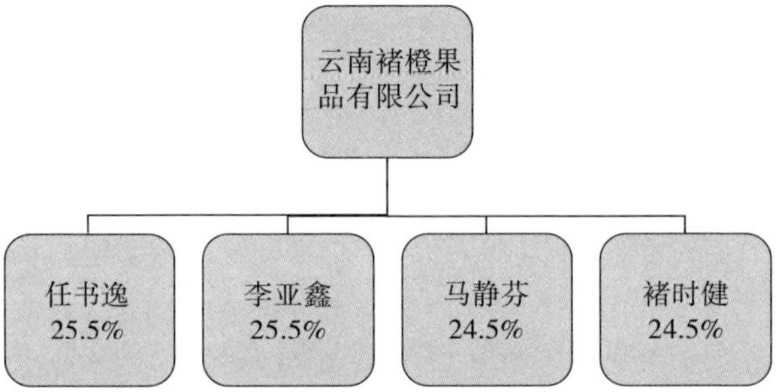

图1-5　褚橙股权比例

股权平均分配的最大弊端就是公司没有核心人物、难以达成共识、决策效率低下、公司治理瘫痪等。更有甚者，可能出现家族成员之间只能同患难而不能共富贵的局面。褚时健在世时可以其个人影响力摆平很多问题，但现在呢？

虽然云南褚氏果业股份有限公司随着褚老的离世，在 2019 年 6 月完成注销，但遗留下的历史问题仍不少。有关资料显示，目前褚一斌通过云南恒冠泰达农业发展有限公司控制包括褚氏果业在内的 8 家企业。而褚时健外孙女任书逸、外孙女婿李亚鑫也在经营褚橙，李亚鑫也为 11 家公司的实际控制人，仍使用褚橙的品牌。

许多公司在创业初期往往会选择平均分配股权，出现这样的情况一般有二个原因：碍于情面，核心股东不愿占比太多；不懂得股权平均分配的危害；没有远瞻性预测企业未来的发展规模，不了解股权的价值。

股权平均分配会给企业的后续发展带来无法预知的障碍。股东拥有相同的股权，导致创始股东在做决策时，彼此话语权或表决权是相近的，这时如果出现意见分歧，极易引发企业内耗。对于小企业来说，“船小好掉头”是最大的优势，但是一旦陷入内耗，在短短几个月内，企业就可能走向灭亡。那么，该如何化解最差股权分配模式呢？

第一，引入独立董事来参与股东争议的调停。

一般来讲，独立董事应是行业内有较高声望或双方都信任和认可的人，而且独立董事与双方都无利害关系。在股东之间就具体问题发生争议且僵持不下的时候，其作为中间人可以进行有效调停。

第二，专业分工制度。

一般我们会给予专业股东一些特别的权利，以避免股东争议。比如对于股东负责制的专业事务，公司实行“专业负责制”，如其余股东无反对意见，由负责的股东执行；如其余股东均不同意，公司执行董事或 CEO 不投反对票的，负责股东可继续执行方案。

第三，约定股权退出机制。

一旦矛盾非常尖锐，比如几次以上股东会都无法召开或几次以上股东会都无法达成有效决议，一方股东可以选择以合理的条件退出，尽量预设和平解决问题的通道。这样无论对于股东还是对于公司都有帮助：对于股东，可以减少博弈的成本；对于公司，可以减少内耗，尽早恢复正常经营。

总之，公司一定要有带头人，避免出现股权均分的局面。合伙人之所以愿意合伙干，愿意投资，都是出于欣赏企业领袖，想要获得更多的利益。

在公司初创阶段，核心股东的股权一般占到 67% 以上为佳，随着企业的发展，核心大股东的股权比例可以合理下调。

1.2

一股独大：缺乏制约，公司治理的死穴

在A股历史上或资本市场上，上市公司控股大股东通过行使表决权及管理权控制公司生产经营和重大决策，利用关联交易拖欠上市公司巨额资金，侵占上市公司利益，损害中小股东利益的案例并不在少数。例如大股东最终无法偿还对上市公司的巨额欠款，直接导致上市公司巨额亏损并退市。正因如此，上市公司“一股独大”的现象已成为投资者关注的焦点。

我们用数字说明一下。

大股东侵犯小股东知情权

假设公司成立时的注册资本为100万元，大股东实际投入60万元，占注册资本的60%。后来因为经营业绩好，公司价值提高，股东股份价值也随之提高。

如果公司估值为5000万元，那么大股东60%股份的价值就是3000万元，原来投入的60万元变成了3000万元，投资人想买1%的股份需要支付50万元。如果公司用10%的股份融资500万元（其中11.11万元进入注册资本，488.89万元进入资本公积），融资完成后大股东只需决定拿出其中的111.11万元进行现金股利分配，就可以

收回原来投入的60万元（大股东股份被稀释了10%，融资后股份变为54%）。这60万元（未考虑所得税）实际是大股东经过公司之手，把投资人的60万元变成了自己的钱。这样大股东就收回了全部投资，以后就是无本经营了（如果照此现金股利分配方法，投资人投入的500万元需要45年才能全部收回），但大股东仍然享有公司控制权，如表1-1所示。

表1-1 某公司股份变化

股东	股权比例（%）	原始注册资本（万元）	现在估值（万元）	融资（万元）	总估值（万元）	股东占比（%）	收回成本股息（万元）
总计	100	100	4500	500	5000		111.11
大股东	60	60	2700	0	2700	54	60
其他股东	40	40	1800	0	1800	36	40
融资股东				500	500	10	11.11

所以，大股东因为自己持有高比例股份而制定高现金股利政策、用融资性现金分配现金股利是对小股东损害最为严重的现金股利政策。

2003年6月2日，江苏恒丰公司与香港联合公司共同投资，设立了江苏瑞昊公司，注册资本200万美元。其中香港联合公司认缴现汇出资额60万美元，占注册资本的30%。出资期限为2003年9月1日前，完成第一期出资10万美元，最后一期出资应于2005年6月1日前完成，如表1-2所示。

表1-2 认缴出资占比

	注册资本（万美元）	认缴出资（万美元）	资金占比（%）	第一期出资（万美元）	未完成出资额（万美元）
江苏瑞昊公司	200				
香港联合公司		60	30	10	50
江苏恒丰公司		140	70		0

合资公司设立后，香港联合公司如期实缴了一期10万美元出资，江苏恒丰公司也完成了实缴出资。然而，合资公司经营情况很不理想，长期处于持续亏损状态。面对小股东香港联合公司的质疑，公司大股

东江苏恒丰公司长期不召集召开董事会、股东会，不讨论公司经营管理存在的问题；面对香港联合公司要求自行聘请审计师查账的要求，大股东也置之不理。

2006年10月18日，香港联合公司收到合资公司通知，却不谈查账问题，反而要召开公司董事会，讨论并督促香港联合公司尽快出资，要对于香港联合公司未能如期出资剩余50万美元造成的重大损失进行评估，讨论追究香港联合公司的违约责任事宜。

香港联合公司书面明确答复拒绝参加拟于2006年11月20日举行的董事会会议，要求合资公司尽快安排配合对合资公司的查账审计，待该项工作完成后，再行召开合资公司董事会，讨论公司今后发展及香港联合公司出资到位问题。

双方在各自律师指导下，以发送律师函的方式，你来我往。

江苏恒丰公司一不做二不休，于2008年发函通知，称双方发起设立合资公司时，共同签署了《出资规定》，如果合资一方未按照合资合同的规定，如期缴清出资，即构成违约。根据该规定，合资公司视香港联合公司为自动退出。同时，合资公司寻找到江苏瑞鼎公司作为新的合资方，替代香港联合公司，2008年6月27日，取得新的批文，2009年2月11日，取得变更股东后的新营业执照。至此，大股东把小股东踢出局。

大股东控制下的合资公司对小股东知情权的侵犯和小股东依法依约对合资公司足额及时出资到位的义务，是两条道上的绳。在法律上并没有关联，双方的约定和公司章程中也没有特定的设计，香港联合公司却依照自己的思维定式，逾期出资长达三年，始终没有醒悟。

反观江苏恒丰公司，对此心知肚明，反应老辣，完全不去理会其对查账的请求，一再对香港联合公司不按时足额出资的痛点下狠手。当双方合作陷入僵局时，果断启动合资合同违约仲裁。在取得仲裁认定对方未出资到位造成违约的重大战果后，立即利用双方事先约定的《出资规定》，深入战线，扩大战果，果断合法去除香港联合公司的股东身份。

直到得知自己股东地位被替换，香港联合公司才基于股东知情权向法院提起诉讼，却为时已晚。

家族性一股独大的弊端

XX 药业集团股份有限公司（以下简称 XX 药业）是以生产各类中成药为主，生物制药和化学药为辅，集生产、销售和研发于一身的医药集团公司。公司拟登陆深交所，预披露的招股说明书显示将公开发行不超过 3650 万股，公司股东拟公开发售股份数量不超过 1800 万股。

据观察，当初 XX 药业招股书一经披露就被市场质疑公司存在资产负债率较高、实际控制人“一股独大”等问题。

实际上，XX 药业是一个典型的“一股独大”型家族式企业。公司招股书显示，其实际控制人 XX 持股占总股本的 19.94%，是 XX 药业的第二大股东，妻子和弟弟分别持股 0.3% 和 1.63%，三人合计持股占总股本的 21.87%，不过如结合第一大股东 XX 集团的持股和第三大股东的持股，则该家族对 XX 药业的实际控股比例将高达 82.84%，如表 1-3 所示。

表 1-3　XX 药业部分股权比例

股东	股东占比（%）
实际控制人	19.94
妻子	0.3
弟弟	1.63
第一大股东	55.49
第三大股东	5.48
合计	82.84

XX 药业公司实际控制人可以通过行使表决权及管理权等控制公司生产经营和重大决策，从而存在损害中小股东利益的风险。

××药业在该家族“一股独大”的情况下，通过何种制度才能确保其他投资人的利益不被损害呢？

一定的股权集中度是必要的。因为大股东具有限制管理层牺牲股东利益、牟取自身利益行为的经济激励及能力，可以更有效地监督经理层的行为，有助于增强接管市场运行的有效性，降低经理层代理成本。

股权集中或“一股独大”虽然增强了对管理层的控制，解决了股权分散条件下的外部公众股东难以治理内部管理层的问题，但又产生大股东与外部小股东的利益冲突问题。大股东可以通过牺牲或剥削外部小股东获得自身利益。当大股东（不管是价值创造者还是价值评估型的金融资本投资者）股权比例超过某一临界点，基本上能够左右公司决策时，大股东可能更倾向于获取外部少数股东不能分享的私人利益。

对大股东行为和利益的实证研究表明，不管在发达国家还是在发展中国家或转轨经济国家，一旦上市公司大股东处于绝对控股地位，他们就可通过其他途径获取内部私人利益，如支付特殊红利进行关联交易，或者通过合理利用会计准则的缺陷进行利润管理获得内部控制利益，从而剥削中小股东。这表明“一股独大”或股权高度集中的治理模式与股权分散一样，都可能损害外部社会公众股东的利益。

要想有效解决“一股独大”的问题，公司需要从资本市场、公司治理和法律规则三个方面入手。

第一，资本市场。

在资本市场方面，公司需要明确资本市场定位、改变监管政策导向。资本市场对公司治理产生影响的实质是公司控制权的争夺，主要通过并购实现。促进资本市场发展，需要扩大直接融资规模，同时加大对中小投资者的保护力度。资本市场越发达，社会和法律对中小股东的保护越充分，公司在资本市场上的价值就越大。

股权融资比债权融资更容易且成本更低，这种情况下，公司股权会更加分散，依然要保持“一股独大”、阻碍公司的股权分散进程的就只会是极少数顽固不化的大股东。在发达的资本市场中，大股东局限于自身眼界或者偏好，宁愿公司发展缓慢也要把公司牢牢掌控在自己手里的行为会导致公司陷入“大股东陷阱”，最终被市场清理出局。

第二，公司治理。

在公司治理方面，公司可以在章程中设置单一股东所能持有的最高投票权比例，这是发达国家普遍许可和一些国际化大公司经常采用的做法。同时，通过加强对公司治理基础规则的落实，如刺破公司面纱、实施董事制度、公平交易义务和关联交易管理等，提高“一股独大”者的公司控制风险，降低其控制权收益。

第三，法律规则。

发达国家资本市场较为发达，股权的集中与分散成为创始人、主要股东的自主选择问题，与国家法律导向无关，法律只要针对公司和大股东欺诈小股东问题提供足够的防范和救济措施即可。但是在中国，要促进现代公司制度的快速发展，立法时对大股东权力进行适当的限制很有必要。

创业考验的是一个人的综合能力，需要的是团队的密切协作。一个创业者很难面面俱到，如果几个合伙人通力合作，各自负责擅长的领域，企业就更有机会发展，从而快速打开市场。

1.3
剥削式股权：丧失活力，永远的打工仔

何谓剥削式股权设计？即合伙人的贡献和地位与股权份额不成比例，反差悬殊。这种股权比例的不合理表现在“起主导作用的合伙人占小股，处于打工仔的地位”，长此以往，必然会导致合伙人之间出现矛盾。

股权分配不公导致“罗辑思维”分裂

“罗辑思维”是传统媒体人罗振宇和“独立新媒”创始人申音于2012年打造的知识型脱口秀节目，它满足了信息泛滥时代中的人们对可信知识源和可靠知识的需求。依靠免费内容，“罗辑思维”吸引了大批粉丝关注。创立前期，“罗辑思维”团队只是在不断打磨、精进产品，并未尝试商业化。2013年，他们推出付费会员制，尝试将知识产品变现，效果显著。2014年开始，“罗辑思维”相继推出微信自媒体电商平台、“得道”APP和“生活作风”网站。2015年，“罗辑思维”估值达1亿美元。

在公众面前，“罗辑思维”基本上等同于罗振宇，但罗振宇只是个小股东，占股比例不足18%，幕后的合伙人申音才是大股东、大老板，持股比例达82%（见图1-6）。

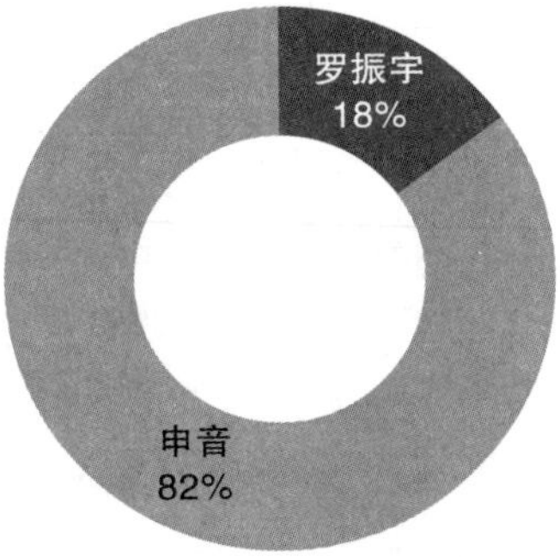

图1-6 “罗辑思维”的股权结构

2014 年 6 月 17 日，罗振宇与新搭档李天田注册成立北京思维造物信息科技有限公司；2014 年 7 月 4 日，罗振宇彻底退出独立新媒股权结构，至此，罗振宇与申音的合作宣告解散。

罗振宇与申音的股权结构在创业初期是没有问题的，但是到了公司发展阶段就行不通了。在这样的股权结构中，价值都是明星创造的，背后赚钱的却是经纪公司，换句话说，就是罗振宇一直在提升“罗辑思维”的价值，而股权却在申音的手上。久而久之，罗振宇自然会心理不平衡，合伙人之间产生矛盾，轻则合伙人分裂，重则拖垮公司。

“分手”让罗振宇获得了重新发展的机会，但是重新起步毕竟延误了进程。而大股东申音在终止合作后获得的收益，不可能超过在股权结构合理情形下继续合作所能够获得的收益。

这种剥削式股权，只能让公司丧失活力，而有格局的老板则会让团队和员工一起分享企业的成果。在国内外手机市场，oppo 和 vivo 如日中天，这两大国产手机品牌幕后有一个共同的老板——段永平。

合理分配股权，共同分享成果

段永平是国内商界的传奇人物，研究生毕业后，段永平到“小霸王”做厂长，短短几年就将销售额做到了 10 亿元。段永平不再满足于只是领份工资做打工仔，于是向老板摊牌，想要点儿股份，可老板格局小，不同意给。没得到股份的段永平一气之下辞职创立了步步高，陈明永（后来的oppo老板）和沈炜（后来的vivo老板）等一众“小霸王”兄弟也一并离职，成了“步步高”的创业骨干。

2001年，段永平对步步高进行股份制改造，开始让旗下事业部独立运作，出资3000万元成立oppo，由陈明永负责，步步高旗下原通信事业部则独立为vivo，由沈炜负责。段永平积极鼓励操盘手和骨干员工入股，甚至借钱给大家作为股金，还承诺可以等公司挣了钱从红利里面扣，如果亏损则不必偿还，这就是段永平的格局和气魄。

如今，段永平只占oppo不到一成的股权，占vivo大概两成的股权，其他都由陈明永和沈炜及公司的核心团队和员工持有，从股权关系上看，段永平不再是控股股东，也不过问具体经营事宜，只扮演精神领袖的角色，而这两家企业不仅没有倒闭，反而越做越大。

究竟是老板一人绝对控股，让员工为自己打工，做来做去也只是小打小闹，还是通过分配制度改革和股权改造，让团队和员工共享成果，打造一个利益共同体或一支同盟军，大家共同分担、一起打拼，将企业做大做强？

股权设计和股权分配问题，不仅考验老板的胸怀和格局，也同样考验着创业合伙人的胸怀和格局。

1.4 股东众多：管理混乱，公司发展的“绊脚石”

很多创业者在注册公司时，都希望有多个股东，每位股东可以发挥自身的长处，帮助企业快速发展壮大。但注册股东真的是越多越好吗？

※创始人失去公司控制权

一家本可能是前途无量的创业公司的创始人团队在公司刚刚走上正轨时分崩离析，个中缘由我们不得而知，但在创始人的讲述中，我们能看到合伙人在股权、融资、众筹等问题上的纠结。在很多关键环节上，这些初出茅庐的创业者们的轻率处理，给公司后续发展埋下了极大隐患。西少爷案例，对于许许多多正走在创业路上的公司，或可为前车之鉴。

西少爷肉夹馍的股权纷争

西少爷肉夹馍的三位创始人孟兵、宋鑫、罗高景为西安交通大学的校友，孟兵2011年毕业于自动化专业，罗高景2011年毕业于计算机专业，宋鑫2009年毕业于土木工程专业。

三人是在2012年底的西安交通大学北京校友会上认识的。已在投资机构工作3年的宋鑫，早就有了出来创业的想法，于是通过校友会的关系认识了有技术能力的孟兵等人。三人一拍即合，第二年4月，成立了名为

“奇点兄弟”的科技公司。由于孟兵承担了主要的产品研发工作，因此孟兵、宋鑫、罗高景的股权比例分别为 40%、30%、30%，如图 1-7 所示。

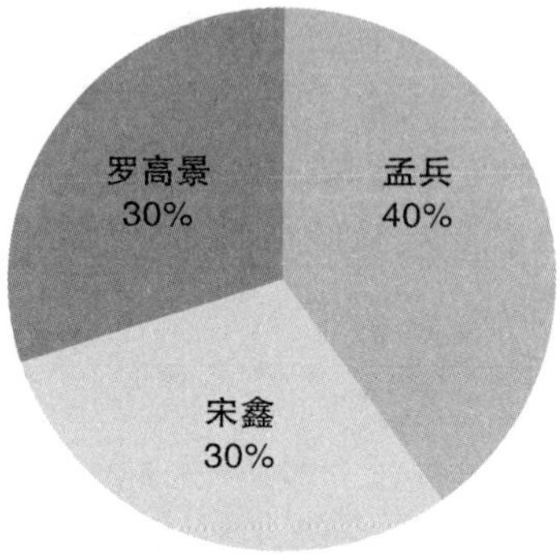

图1-7 “奇点兄弟”科技公司初期股权结构

公司在成立之初依然做着孟兵擅长的互联网业务，孟兵和罗高景负责项目开发，宋鑫负责销售。公司的第一个项目很少被提及，用宋鑫的话说当时做的就是一个网页，连网站都算不上。三人的矛盾就是那个时候开始积累的，创始人之间相互指责：宋鑫认为产品本身存在问题，因此才会卖不出去，而孟兵则将责任归结为销售不力。

2013 年 10 月，由于业绩实在不佳，孟、宋、罗三人不再坚持之前的项目，开始转做肉夹馍，袁泽陆也在这时候加入，形成“西少爷”四个创始人的状态。

火爆的销售业绩加上“互联网思维”的外衣，孟兵以创业明星的姿态登上各类媒体讲述创业故事。“西少爷”开业不到一周，便有投资机构找来，并给出了 4000 万元的估值。

四个人认为这时候需要引入投资来扩大业务，但就在引入投资、协商股权架构的过程中，孟、宋之间的矛盾被彻底激发。

据袁泽陆介绍，在与投资人商讨投资细节时，孟兵提出为了公司之后在海外的发展，希望组建 VIE 结构，他的投票权是其他创始人的 3 倍。对此其他三人都表示很意外，而最终罗高景和袁泽陆表示 2.5 倍投票权是可以接受的，宋鑫却始终没有同意。国内的上市条件对公司的业绩利润要求较高，无形中为互联网企业铸成了一道门槛，许多互联网创业公司纷纷选择赴海外上市，而组建 VIE 结构则是一个必不可少的环节。宋鑫认为，孟兵当时提出变更投票权与风投的入场不无关系。

价值观的差异及合伙人之间长期积压的不和，终在 2014 年 6 月 15 日爆发，经大股东投票，宋鑫被迫离开公司经营管理层。

另外三人一致认同让宋鑫离开公司，以 27 万元收购宋鑫 28% 的股权。孟兵指出：27 万元是当时宋鑫在公司工资的 4 倍，投资回报已经不算低了。

而宋鑫认为，当时投资机构对西少爷估值 4000 万元，自己的股权价值 1000 万元。

因双方意见无法达成一致，股权回购问题被暂时搁置。在 7 月，宋鑫另起炉灶重新开了名为“新西少”的肉夹馍店。

宋鑫的离队并不意味着这场合伙人闹剧的终结，最后他们还是因为分红问题闹上了法庭。

“西少爷”合伙人从股权上没有分出绝对的老大，在实际决策权上也没有一锤定音者，谁也不服谁。

※股权过于分散的恶果

公司没有控股股东，可能会引发控制权争夺；没有大股东，控制权之争可能会更加激烈。为了争夺控制权，无论是召开股东大会和董事会，还是任免管理层等，双方都难免会为了己方私利处处相互拆台，公司的重大经营决策难以通过表决，在这样的乱象之下，公司将难以维持正常经营。

荃银高科：股权分散引资本角逐

安徽荃银高科种业股份有限公司（以下简称“荃银高科”）由安徽荃银禾丰种业有限公司改制而成。公司改制上市后，董事长张琴为第一大股东，持股比例为 8.98%；董事贾桂兰为第二大股东，持股比例为 8.7%。公司股权分散，且第一、第二大股东持股比例接近。

2013 年 11 月 30 日，第二大股东贾桂兰增持公司股票至 10.44%，成为公司第一大股东。股东本次增持前后情况如表 1–4、表 1–5 所示。

表 1–4 股东增持股份情况

股东名称	增持方式	增持期间	增持均价（元 / 股）	增持股数（股）	占总股本的比例（%）
贾桂兰	集中竞价交易				
	大宗交易	2013 年 10 月 29 日	9.27	2160000	2.05
	其他方式				
	合计		9.27	2160000	2.05

表 1–5 股东本次增持前后持股情况

股东名称	股份性质	本次增持前持有股份		本次增持后持有股份	
		持股数量（股）	占总股本的比例（%）	持股数量（股）	占总股本的比例（%）
贾桂兰	合计持有股份	8864000	8.394	11024000	10.44

2014 年 7 月 21 日，张琴要求召开临时股东大会，其中一个议案是向中植系（国内著名的风投机构）非定向增发股票。

按照《中华人民共和国公司法》规定，增发股票需要经过股东大会超过 2/3 表决权同意。

2014 年 8 月 8 日，公司临时股东大会对此进行了表决，股东之间暗自角力，最终赞成引入中植系的得票占 59.89%，未超过 2/3，议案被否决。

2016 年 3 月 1 日，公司发布公告称中植系通过二级市场购入公司共计约 8.71% 的股份，如表 1–6 所示。

表 1–6 中植系持股比例

增持人	增持方式	增持时间	增持股数（股）	占公司总股本比例（%）
中新睿银	二级市场	2016 年 1 月 13 日	624064	0.1970
		2016 年 1 月 14 日	2225900	0.7026
		2016 年 1 月 15 日	270100	0.0853
中新融鑫	二级市场	2016 年 2 月 25 日	11750000	3.7090
		2016 年 2 月 26 日	12720564	4.0153
合计			27590628	8.7092

需要注意的是，加上前期受让其他小股东的7.91%股份，中植系合计占公司总股本的16.62%，终成第一大股东。

2016年4—5月，公司先后召开董事会、股东大会，审议张琴提交的18项关于收购同路农业股权的议案。董事贾桂兰未出席，视为弃权；董事陈金节对该议案投了弃权票。18项公司收购同路农业股权的相关议案均未获通过。

2017年12月21日，公司发布公告称，上市公司北京大北农科技集团有限公司通过二级市场增持公司股票，累计达13.57%，成为公司第二大股东。

2018年11月15日，中化现代农业有限公司通过协议转让方式，受让了第一大股东中植系11.18%（保留3.51%的股权）、张琴2.26%、贾桂兰1.5%及其他股东6.56%的股权。至此，中化现代农业有限公司成为公司第一大股东，持股比例为21.50%。

截至2020年4月，根据可查询到的公开信息，公司的股权架构如图1-8所示。

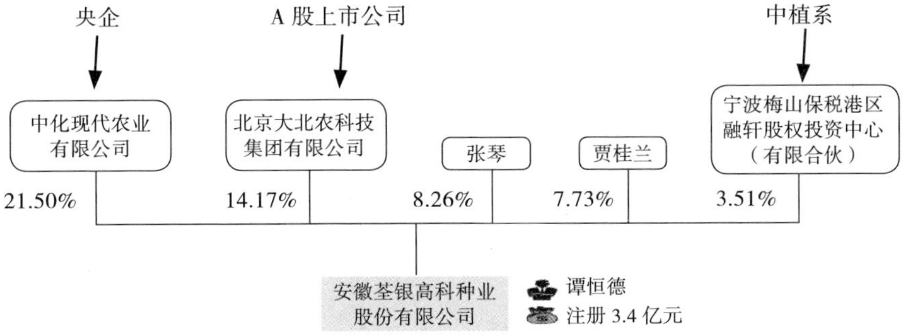

图1-8 公司股权架构

第一大股东，中化现代农业有限公司，持股21.50%。

第二大股东，北京大北农科技集团有限公司，持股14.17%。

第三大股东，张琴及其一致行动人，持股8.26%。

第四大股东，贾桂兰及其一致行动人，持股7.73%。

第五大股东，中植系，持股3.51%。

种业公司一直受到证券市场投资者的关注和追捧，荃银高科的发展前景本应非常好，但由于股权过于分散，第一大股东 8.98% 的持股比例过低，而且与第二大股东 8.7% 的持股比例没有拉开差距，因此上市数十年来一直处于两方甚至多方争夺公司实际控制权的状态。大家争相增持股份争夺大股东位置，否认对方的定增方案、董事人选、收购议案等，在重大事项决策上始终有人掣肘，原本前景很好的企业长期处于微利甚至亏损的状态。这一切，究其根源是公司股改时股权架构欠妥。

创业公司有一个目标清晰明确的老大是非常必要的。有老大，不意味着专制，老大不一定要控股，不过一定要有对公司的控制权，通过各种财务设计，确保老大对公司的控制力。

只有拥有了控制权，公司老大才能在公司股东会和董事会的博弈中拥有话语权，才能够掌控公司，公司才不会沦为赌徒手里不断转售的纸牌。而那些没有明确老大的创业团队，看似民主，实则会严重影响企业的决策效率，时间长了甚至会引发创业团队内部的股权斗争。因此，为了避免发生这种事情，我们需要提前在制度上做好设计，规避后续麻烦的出现。

※不同阶段企业合伙人的人数控制

在企业的不同阶段，合伙人的人数也是不同的。企业家要根据企业的发展进程把控合伙人的数量。

（1）初创阶段：联合创始人不超过 3 个

企业在成立初期具有以下三个特点：第一，企业依靠一个或多个联合创始人的个人能力来生存和发展。一些企业是夫妻二人共同创业，还有一些企业是几个同学或朋友凑在一起创建的。第二，在初创阶段，企业生存和发展的大部分动力都来自个人的创业技能、资源、勇气等。第三，企业没有能力聘请大量的工作人员。

企业需要的是真正能为企业殚精竭虑的创始人，因此，只需要 3

个创始人就够了。过多的联合创始人会拖慢企业的决策和执行效率。

（2）扩张期：5~10 个企业合伙人

如果企业有可以盈利的产品或服务，合伙人不要超过 10 个。合伙人可以从外部引入，也可以从内部杰出员工中选择。外部合伙人可以为企业注入资金，选择内部合伙人则可以对其起到激励作用，增强企业的内驱力。

如果没有可以盈利的业务，合伙人不要超过 5 个。处于扩张期的企业可能正在扩展新的行业领域，新业务的开发需要大量的周转资金，这时企业可以考虑通过融资帮助企业度过这段尚无盈利的时期。但因为新业务带有一定的风险，在确定可以获得收益前，最好谨慎些，合伙人不要超过 5 个。

（3）过渡期：融资没超过 500 万元，合伙人不超过 15 个

融资资本达到 500 万元间接体现了投资机构对企业的估值，不到 500 万元可能说明企业当前的扩张速度不够好或未来的发展前景不够广阔。

融资要进行，人数也要适当控制，创始人一定不要为了拿到融资而引入太多的合伙人，合伙人过多必然会引发企业控制权的动荡。

那么该如何规避股东人数过多的问题呢？

无须等到股东人数完备再去注册公司，哪怕目前单枪匹马，也可以先注册一个一人有限责任公司。随着公司的发展，可以根据实际情况确定其他股东，再将其变为工商注册的股东。

1.5
一盘散沙：缺少决策者，“众筹”变“众愁”

在企业建立的早期，很多人都认为股权分配不重要，可一旦企业取得了一些成就，被忽视的不合理的股权结构就将是企业失败的导火索。所以，初创企业切记不要在有关股权的问题上做出任何草率的决定，太多的创业企业都死于股权问题。

股权分散是股东过多造成的，有些创业者出于分散风险、筹集资金的需要，通常会找到很多合伙人，导致股东过多，股权也比较分散。

“很多人咖啡厅”的发展之路

2012年2月，李婷在豆瓣网发帖，希望召集“很多人”合作开办一个咖啡馆，“一起投钱，一起参与”。帖子一出，响应者云集。她的入股要求很简单：“人人都可入股，每个人只要3000元，或者3000的倍数就可以成为咖啡店的老板，最高不超过3万元。”不到7个月的时间，她就聚集了120个股东，筹集了60万元的启动资金，成立了“很多人文化有限公司”。

接下来各种矛盾开始显现，在店面选址时，股东们纠结于两个地址，迟迟定不下来。面对异议，李婷等人决定召开股东会，让持不同意见的股东们各自拿出方案，阐述所选店址的利弊。支持选择解放东路的股东们通过实地勘察，做出了一份有信服力的比价方案，从租金、水电、客源、交通等各个方面进行了比较，获得了绝大多数股东的认同，但等到装修时，又面临了同样的问题。

对于管理和经营咖啡馆，绝大多数股东只是满腔热情的“门外汉”。有人认为，发起人应该拿出一份像样的创业计划书和执行方案，合则来，不合则散。但李婷和“公民”等人却坚持：“这不是某一个人的咖啡馆，而是大家的，计划书和方案应该由大家共同完成。”

面对这么多的股东，遇到事情如何决策、如何管理成为摆在众人面前的一个非常棘手的问题。

于是，他们决定召开股东大会，通过选举产生董事会、监事会，采用“众人管理”公司化的运作模式，每位股东拥有表达自己意见的一票。此前，他们已通过投票，确定了例会制度、咖啡馆主题，以及一人一票的表决权。股东意见不同，花在意见收集、问题协调上的时间多，导致不少人对进度又有了意见，在运营期间，争议和争执一直不断。

从 2012 年 7 月试营业以来，咖啡馆就一直“不赚钱”。一年之后，由于长期处于亏损状态，“很多人咖啡厅”遇到了生存危机。

咖啡馆的发起人之一吕翼告诉记者，开咖啡馆筹集的 60 余万元到 2013 年 6 月只剩下 10 万元左右。如果光凭剩下的资金，在继续不盈利的状态下，扣除支付每月 7000 元的房租和水电、人工等其他开支，不到一年咖啡馆就将倒闭。

当理想面临现实的考验，怎么让咖啡馆存活下来？“我们从内部选出 3 名负责人承包咖啡馆，自负盈亏，先以半年为期，半年后如果咖啡馆好转，开始盈利，再给股东分红。”作为承包人之一的吕翼和他的团队开始重新规划“很多人咖啡厅”的发展之路。

“很多人咖啡厅”采取的自救方式起到了一定的作用，却没有从根本上改变局面。就在自救两年之后，2015 年 7 月，“很多人文化有限公司”决定将店面全盘转让给其中一对夫妻股东，由 140 多位股东发起的咖啡馆创业梦也就此烟消云散。

咖啡馆众筹经营失败的直接原因有三个：其一，由于股东众多，内部矛盾分歧较多，内部所出现的种种结果均不受个人意志所控制。其二，为了表现平等的原则，管理者稀释压缩大股东的股份，使它们缩成一股，这看似能调动各股东的主观能动性，实则使内部纠纷更甚，工作效率愈加降低。其三，股东数量多，背景复杂，而管理者为了使他们的意见都得到表达，不得不花费巨大的沟通成本。而公司内部规矩烦琐，了解各股东意见的这个过程势必会消磨他们的热情。

咖啡厅的失败也为我们带来了许多启示。

第一，创业者与投资人之间的共生关系。

现在的投资人与早期投资人有很大的区别，现在的投资人除了要具备充足的资本和专业的投资运营能力外，与创业者的共生关系也是检验他们是否专业的重要指标。换句话说，众筹平台上的投资者鱼龙混杂，多数只是借助网络进行项目挑选，然后以金钱入股，但是在实际参与企业运营或了解企业的未来价值方面，投资者由于没能与创业者进行良好的沟通以至于无法深入了解企业内部资讯。

一位成功的投资者除了要提供资金，还应当扮演消费者、传播者、销售者及管理者的角色，在参与企业治理的过程中实现能力转化和自身盈利。然而就当前形势来看，普通投资者更看重的是收益，而非与创业者的共生关系。

一般来说，当我们在对与日常生活密切相关的实体店进行股权众筹时，这种共生关系就会自动自觉地体现出来，投资者与创业者在交流沟通的过程中必然会产生互利共生关系。

第二，普通投资者与专业投资者之间存在区别。

与专业投资者相比，普通投资者除了专业能力欠缺，在参与热情上也有很大差距。普通投资者大都利用业余时间选取项目进行投资，不仅缺乏参与热情，甚至对于最后的利润营收也不怎么在意。

众筹咖啡馆的发起人之一曾在某一热文内揭露：50 位股东在开业

当天关注的是如何展现自己的美丽，而忘记自己的股东身份及咖啡馆的开业促销活动；甚至只有 30 多人参加了第一次股东会，其他人则以上班、带孩子等理由缺席。

因此，股权结构不宜过于分散。股权分散导致小股东众多，将不利于公司管理，甚至诱发管理层的道德危机。股东众多导致企业难以快速形成有效决策，将对股东决策造成超乎想象的干扰。

同时，外部投资人对分散的股权结构也会有所顾忌，因此影响融资进程。对此，我建议利用有限合伙等持股平台归集小股东股份，并且对公司经营决策机制进行优化。

1.6

排序不明：划分不明确，内耗无止境

一部分创业者喜欢公司有一个明确的老大，大家都跟着老大打拼。相对而言，创始团队老大的位置比较容易界定，合伙人中通常会有一个发起人、一个意见领袖、一个轴心，他会是当之无愧的团队老大。

但是大部分失败的或是做得非常艰难的企业都有一个共同的特征，就是他们的创始人里只有一个老大，没有占两位数的合伙人。这涉及管理学中的“大鸡小鸡理论”。

“大鸡小鸡理论”是联想柳传志在与友人的信件中提出的一个理论。有三种动物——鸡、火鸡、鸵鸟，它们共同生活在一个动物园里，三者相遇之时难免相互端详一下，比比个头大小。如果是两只鸡相遇，双方的印象大概是“你比我要小”。如果是一只鸡与一只火鸡相遇，火鸡会认为自己比鸡大得多，而鸡则会认为咱们的个头差不了多少。如果是一只鸡与一只鸵鸟相遇，鸡一般都会承认对方的个头确实比自己大。一只年老而觉悟了的鸡得出两点认识：在缺少比较的情况下，很容易高估自己；想要开阔眼界，就不能一生一世总在鸡群中相望。而那只鸵鸟则感慨道：如果想获得别的动物的认可，需要比它们高出许多。

如何将合伙人分出一二三呢？最好的办法就是用股权进行划分。

第一创始人给合伙人多少股份合适呢？答案不是“多”也不是“少”，而是“恰当”。因为不同的人、不同的产业，拥有和需求的资源是不一样的。你需要给这些人合适的股份，让他们有工作的积极性，让他们觉得这是他们自己的企业，不要让合伙人有雇员心态。

至于团队老二、老三、老四位置的界定，则要根据各自的出资、能力、资源、贡献来综合进行排序。可以充分讨论商议，在合伙人中达成共识，找到一个利益平衡点，否则容易留下隐患。

电影《中国合伙人》讲述了一个农村孩子考了三次才考上大学，大学毕业后留在学校当老师，因不擅长和领导相处，最后离职与朋友创办了一个名为“新梦想”学校的故事。

这个故事的原型就是新东方创始人俞敏洪。

股权均分导致新东方合伙人分道扬镳

1993 年 11 月，俞敏洪放弃大学教师的工作下海经商，创建了新东方学校，并逐步在全国 34 个城市建立了英语培训学校。

刚起步时，新东方的员工都是俞敏洪的亲属。但是自家的亲戚毕竟存在文化水平不高、管理经验不足的问题，而且缺乏现代化管理制度的企业也很难继续发展，所以 1995 年俞敏洪意识到如果想要再干下去，必须要有真正意义上的合伙人，于是他拉来自己的同班同学徐小平、王强入伙。

在创业领导能力和全局观上，俞敏洪比徐小平、王强两个人强，但是在英语水平和对西方文化的了解上，俞敏洪不如他们。三人结合，弥补了各自的不足，因此俞敏洪认为他们是最合适的合伙人选。

找到了合适的合伙人，下一步就是撸起袖子大干一场了。在团队刚成立的时候，大家的想法很简单，三个人齐心协力奋勇拼搏，赚了钱三人均分，此时的股权分配是 34%、33%、33%（见图 1-9）。

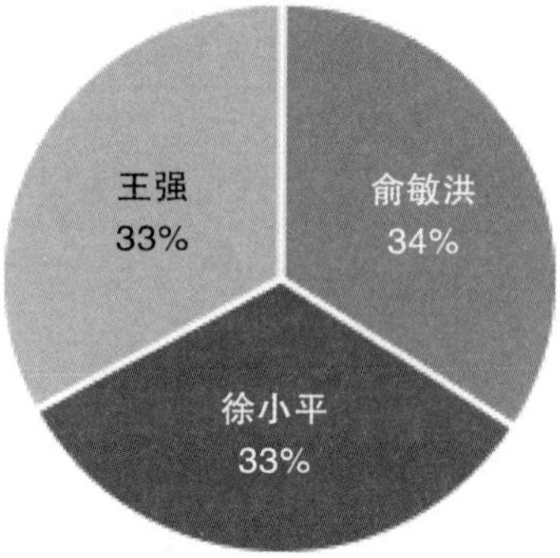

图1-9　新东方初期股权分配

学校创办一年后，俞敏洪发现有人干得多，有人干得少，这时候要怎样进行管理？俞敏洪认为有必要对合伙人和合伙人以外的员工的业绩进行考评，因此建立一个完善的考评体制刻不容缓。

新东方刚开始的合伙制是包产到户。俞敏洪只是简单地把新东方分成了几个板块，比如口语由王强来做、出国咨询由徐小平来做、考试由自己来做，他们各拿各的钱，这种合伙制非常松散，效率低下。

俞敏洪意识到一定要建立严格的股份制结构，规范企业管理制度。2000 年，俞敏洪对学校进行股份制改革，定出一套统一战略。

在建立股份制结构的过程中，各种问题随之而来。除了王强和徐小平，还有很多重要的人也要分股份，而在划分之中就出现了问题。本质问题其实就是老二、老三的排序问题，公司老大是俞敏洪，这个大家都没有争议，他是新东方真正意义上的创始人，然而对于第一副总裁和第二副总裁的划分问题，大家有了异议，王强和徐小平认为自己的贡献都很大，对新东方都很重要，都想当第一副总裁，不想屈居人下。

当时新东方的股权已经分配完了，几个核心合伙人争的其实是一个面子问题，对于这个问题及相关的遗留问题，新东方先后花了 4 年时间，才最终有了一个相对圆满的解决方案。这些问题都是创业者需要引以为戒的。

那么，3 个人合伙该如何分配股权呢？

3 个人合伙，最合理的股权分配如图 1–10 所示。

图1–10　3个人合伙最合理的股权分配比例

对于 3 个人合伙，需要规避以下四种常见的错误分配：

错误一：48%：47%：5%。这样的股权分配会导致企业的决策飘忽不定，而获得小股东的支持将成为另外两个大股东争夺的重点，不利于企业的稳定。一旦小股东不是一个正人君子，很可能以自己 5% 的股权制衡大股东，如图 1–11 所示。

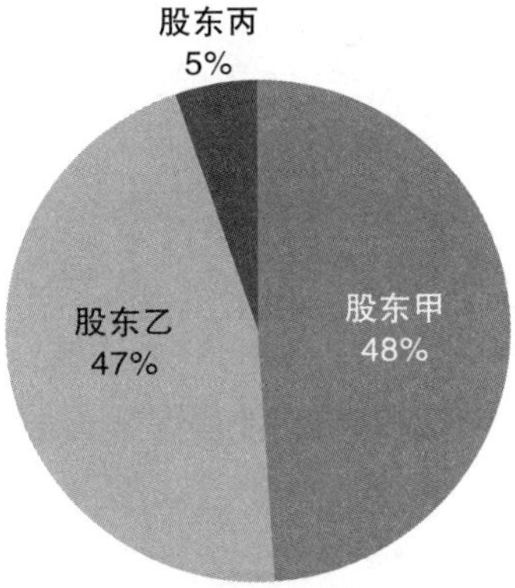

图1–11　常见的错误分配方式（一）

错误二：33.4%：33.3%：33.3%。这样的股权分配会导致股权与贡献不匹配的矛盾，如果其中一名合伙人没有做出贡献却可以拿到同样多的股权，那么势必会引起另外两名合伙人的不满，使企业陷入股权之争，如图 1–12 所示。

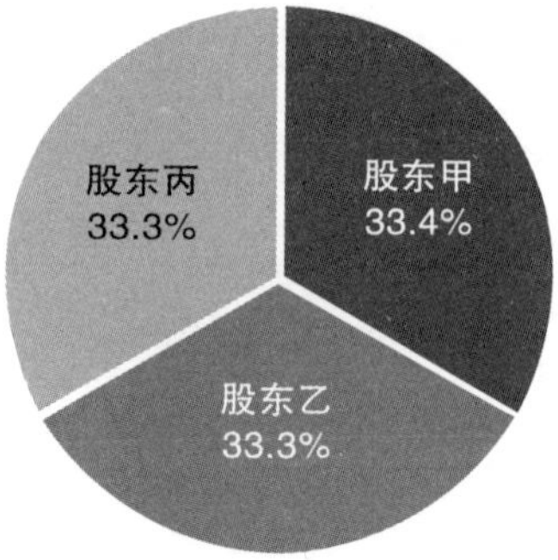

图1-12　常见的错误分配方式（二）

错误三：95%∶3%∶2%。创业人吃独食，如图 1-13 所示。

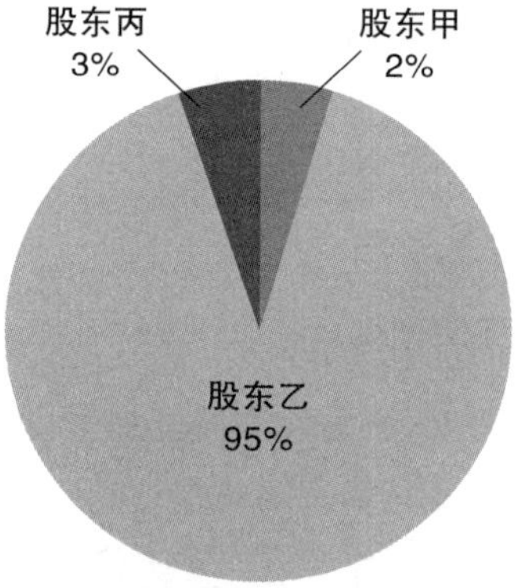

图1-13　常见的错误分配方式（三）

错误四：40%∶40%∶20%。三股东绑架大股东与二股东，如图 1-14 所示。

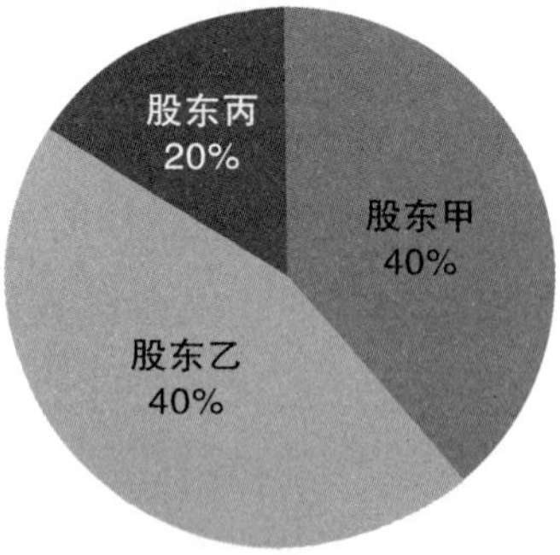

图1-14　常见的错误分配方式（四）

1.7

代持股权：假戏真做，隐名股东的确权之路

所谓股权代持，是指实际出资人或股份认缴人（隐名股东）向某有限公司或股份有限公司出资，但不以自己的名义出任该公司的股东，而是通过与他人约定，委托他人（显名股东）作为公司章程、出资证明书、工商登记等法律文件记载的股东，并由被委托人根据约定行使权利、履行义务的一种持股方式。

在实际商业经营活动中，出于各种原因，公司股权代持的现象相当普遍，如受有限责任公司股东人数不得超过50人的限制，出现了职工持股委员会，或者是个人因身份不方便出面，找人代持股份。这种现象的存在使得公司在登记机关登记的股东是名义股东，实际股东并没有在这些公示的法律文件中出现。实务中，很多是朋友之间的代持，甚至连代持协议都不存在。这也引发了不少纠纷，毕竟在利益面前，人心难测。

隐名股东如何收回代持股权

上海AA公司于2005年2月22日在上海嘉定分局核准设立，注册资本100万元人民币，登记股东为孙某（认缴出资75万元，任公司法定代表人）、戴某（认缴出资25万元，任公司监事）。

2010年6月20日，孙某因病去世，孙某遗孀郭某继承了孙某在

上海 AA 公司的股权并办理了工商登记变更。原告童某诉称，AA 公司成立之时，自己与孙某、刘某、张某、戴某等人约定，由戴某持股 50%，另四人合计持股 50%，均由孙某代持，现要求被告孙某遗孀郭某返还 AA 公司 12.5% 的股权。

后经法院查明，上海 AA 公司的 100 万元注册资本是第三方垫资，该款项在验资后当日即已转回给第三方。公司首期出资 18 万元，由以孙某为代表的股东与戴某各出资 9 万元，以孙某为代表的股东出资于 2005 年 5 月 13 日通过案外 BB 公司汇入，戴某的 9 万元出资于 5 月 16 日汇入。2005 年 9 月 30 日，孙某、童某、刘某、张某达成股权协议，明确各自持股均等，该股权代持协议 4 人均未签字，只是由戴某签字见证。2006 年至 2010 年，原告童某按照 12.5% 的股权领取了分红。

实际上，隐名股东的风险主要取决于显名股东（被委托人）是否靠谱，主要有以下三种情形：

第一，显名股东擅自处理代持股权。

从名义上来看，显名股东作为法律文件登记上的实际股权持有人，是可以对外行使所持有股权的相关权利的，但就私下约定而言，显名股东应当对隐名股东负责，特别是对代持股权的处分应事先征得隐名股东的许可。但由于股权代持协议多是不公开的，因此显名股东利用自身职务之便，是有可能擅自对所持股份进行转让、质押而牟取利益的，此时隐名股东的利益就无法得到有效保障。

隐名股东如何维护自身利益

李先生是一名退休公务员，退休后想找点事情做。2019 年经朋友介绍，李先生认识了方先生，方先生说他打算成立一家健身中心，想邀请李先生一起参加。

方先生表示，自己找了一家中介公司，可以帮忙成立公司，公司股东是方先生、王先生和李先生。方先生建议李先生找人代持股份，自己在幕后做股东。李先生同意了这一方案。

很快，公司完成注册，方先生占股60%，王先生占股20%，齐先生代持李先生的20%股份，方先生任总经理。

随着健身中心的发展，公司的影响力不断扩大，在是否扩店的问题上，李先生和方先生产生了非常大的分歧。

2019年9月，李先生照常去上班，公司人力资源部门通知其被解聘。李先生去找方先生理论，方先生告诉他齐先生已经把他代持的20%股份转让给赵先生了，解聘他是因为他连续旷工。

对于这一案例，李先生如果没有证据证明齐先生和赵先生恶意串通，则无权要求确认其股权转让协议无效，但可以向齐先生要求赔偿损失。

我国公司采取的是股权公示制度，以股东名册、公司章程对外产生法律责任，在隐名股东不知情的情况下，名义股东将股权处分分给第三人，并且经过其他股东同意，第三人构成善意取得，其转让行为合法有效。

第二，未经许可滥用股东权利。

根据我国法律规定，公司股东权利主要表现在股份转让权、资产收益权、股东会临时召集请求权、参与重大决策权、选择管理者的权利、公司剩余财产分配等方面，这些权利在某种程度上能够左右公司的控制权，如果显名股东在未经许可的情况下滥用代持部分股权的上述权利牟取一己之私利的话，显然会对隐名股东造成损害。

显名股东滥用隐名股东权利

2017年10月，金明（化名）入职白云公司担任技术总监，白云公司看中金明过硬的技术能力和多年的运营管理经验，为留住人才，不仅给予了金明丰厚的年薪，还许诺给予金明5%的公司股权。出于保密考虑，金明与白云公司的法定代表人吴欢（化名）签订了“股份代持协议”，约定5%的公司股权由吴欢代持。就这样，金明当起了隐名股东。

2019年8月，白云公司的几个大股东出现了股权纠纷。金明担心自己的股权行权无期，与公司协商，希望公司以合理的价格回购其股份，但遭到了拒绝。想到自己近两年在公司尽职尽责，承诺好给自己的股份却越发像一张空头支票，金明愤怒不已，渐渐有了自己的盘算。

2019年10月16日，金明与公司其他三名员工经过一番商议，私自利用前台留存的钥匙，打开了财务办公室的门，将公司公章、营业执照、空白发票、记账凭证、税务资料等打包到自己携带的行李箱及背包中，运出了公司大楼。次日，金明像往常一样早早到公司上班，并打电话给法定代表人吴欢，表示当日下午有大客户要到公司签合同，要求与吴欢面谈，务必要到公司一趟。

下午三点，满脸欣喜的吴欢到公司后发现公司前台及大部分员工竟然已经被安排下班。吴欢找到金明的办公室了解情况，不料却被金明等四人反锁在了办公室，并被收走了手机。金明拿出事先准备好的股权转让合同要求吴欢签字，吴欢拒绝。就这样，双方在办公室僵持了整整12个小时，最后不欢而散。

第三，显名股东不按约定移交投资收益。

隐名股东投资的目的显然是获取投资收益，因而在股权代持协议中也会有关于投资收益移交的相关约定。在实际操作中，显名股东可能会出于各种缘由而不履行约定，拒不移交隐名股东的投资收益。

隐名股东如何要求公司直接分红

1995年，华夏银行股份公司成立，其注册资金25亿元。其中联大集团持股3亿元，占比12%。

1997年，汽车销售公司与华夏银行、联大集团签订《协议书》约定：联大集团为华夏银行在册股东，持有3亿元股份，其中2亿元股份实由汽车销售公司出资。汽车销售公司在成为正式股东之前按照其出资比例分得股息、红利，华夏银行直接将股息、红利划入汽车销售公司账户，并提供完税手续；待“条件允许”，联大集团和华夏银行将共同完成使汽车销售公司成为正式股东的工作。

协议签署后当年，汽车销售公司2亿元出资到位，并更名为润华集团。

1998年、1999年和2000年，华夏银行依约将润华集团按出资比例享有的分红，直接划入润华集团的账户。此后，华夏银行未再按约向润华集团支付2003年、2004年的红利。2003年，华夏银行按照每10股转增2股的比例，将资本公积金转增股本，股东按比例增持股份。至此，联大集团所持股数量为3.6亿股。2005年，润华集团向山东高院起诉联大集团、华夏银行，请求确认联大集团所持有股权中有2.4亿股属于润华集团所有，华夏银行向润华集团支付尚未派发的2600万元红利。

本案经山东高院一审、最高院二审，最终判定：将联大集团持有的2.4亿股份变更到润华集团的名下，华夏银行支付红利25178203.83元。

对于隐名股东而言，要保护自己的合法权益需做到以下几点：①起草全面的股权代持协议，在股权代持协议中约定违约责任。②保管好出资证明，证明股权资金是自己出具的。③让其他股东知道实际出资人与名义股东之间的代持关系。如在签订代持股协议时，由其他股东在代持协议上签字确认，表明同意代持，且能够证明其他股东过半数同意。

实际出资人的股东身份得到了公司股东的确认，实际出资人可据此要求公司将其记载入股东名册，出具出资证明书，将来可据此主张其股东资格，办理股权变更登记手续。

02

“请君入瓮”的资本局

▼

刘强东在哈佛演讲时提醒创业者：你拿到多少融资不是你的财富，你拿到多少融资，你将来就是要10倍、20倍还回去，风险投资的成本是全世界最高的。股权融资于企业而言是一把“双刃剑”，可以带来公司发展所急需的资金和人脉，同时也潜藏着风险。

2.1
融资骗局：融资不成反被骗

目前，中国的金融系统仍然是以银行为主导。企业发展如果需要资金，获取资金的渠道主要有三个：银行、债券和股权（见图 2–1）。其中，银行融资占 71%。随着经济形势的不断变化，银行融资的渠道不断收紧，获取资金的方式也势必要发生变化。

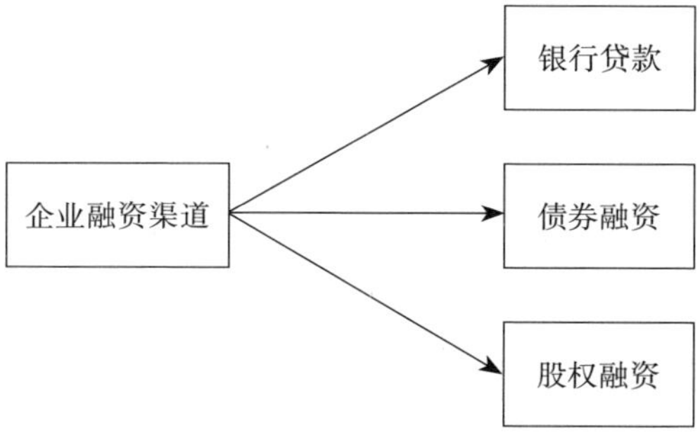

图2–1 企业融资渠道

受经济形势的影响，银行提供贷款往往更倾向于有很强实力的跨国企业或国有企业，对于发展前景并不明朗的民营企业则往往会选择观望态度。在这种艰难的环境下，债券融资和股权融资就成了企业融资的重要渠道。

债券融资，是指企业通过借钱进行融资。企业通过债券融资获得资金，要承担资金的利息，在借款到期后，要向债权人偿还资金。债券融资的特点，决定了其用途主要是解决企业营运资金短缺的问题，而不适用于资本项下的开支。

股权融资，是指企业的股东让出部分股权，通过企业增资的方式引进新股东的融资方式。对于股权融资所获得的资金，企业无须还本付息，但新股东要分享企业的盈利与增长。股权融资的特点决定了其用途的广泛性，既可以充实企业的营运资金，也可以用于企业的投资活动。

企业很难从银行借到钱，债券融资又有一定的局限性，股权融资就成了最好的融资途径。

避开陷阱，小心融资不成反被骗

2002 年，高先生与人合伙盘下了浠水南天医药化工有限公司，因安置员工等原因急需一大笔资金。

2008 年 3 月，高先生在一个饭局上认识了刘某，刘某向高先生承诺，可以在深圳找一家香港的投行，为其贷款融资 1000 万港元。在刘某的穿针引线下，高先生在深圳见到了自称是香港东盟工商联合会国泰投行代理人的余某和龙某，他们称可以给高先生投资，但需要其出资 5 万元，在深圳公证处对投资事宜予以公证。于是，高先生将钱给了中间人刘某。

不到一天时间，刘某告诉高先生公证已办好，双方可签融资合同。在合同中，甲方为南天医药化工有限公司，乙方为香港东盟工商联合会国泰投行，双方约定甲方以精细化工项目、土地使用权等作抵押，向乙方融资 1000 万港元。双方还签订了一份补充协议，即乙方在银行办理好手续后，甲方需立即支付 60 万元利息作为酬劳。

2008 年 4 月 11 日，合同签订后不久，刘某告诉高先生融资款项已到，是一张外汇汇票，需委托一家能接受外汇的公司代收。4 月 19 日，高先生在找到一家代收公司后，和刘某来到银行，银行告诉高先生，银行账户上确实多了一笔业务，但 7 天后才能操作；此外，需要验证汇票的真实性。"刘某和余某向我保证，钱已经到账，让我先行支付利息款。"高先生称，在他们的游说下，他向一家投资担保公司拆借高息贷款60万元，并将钱打到了刘某指定的账户上。半个月后，高先生终于收到银行的通知单，但是等来的不是融资巨款，而是一纸对方账户已经关闭的告知单。

在上述案例中，高先生没融到资，反而被骗。这样的事情，每天都在发生。

轻信他人导致资产被骗

贵州某产业投资有限公司因公司发展资金不足，董事长郭某经王某、龚某两人介绍，与深圳某投资咨询有限公司的法人刘某取得联系，刘某声称可以为其公司融资。2015年1月21日，刘某委托某律师事务所为该公司进行资产评估。1月28日，刘某给该公司回复，可以为其融资4.8亿元，但是到境外进行融资，需要缴纳融资总额1%的外汇汇率差保证金。刘某还出示了其伪造的拥有11亿多元存款的资信证明以取得郭某的信任，双方签订了委托融资协议。

按照协议的约定，贵州某产业投资有限公司分别于2月6日、2月11日向深圳某投资咨询有限公司支付共480万元的外汇汇率差保证金，之后，刘某一直以各种借口拖延向该公司放款的时间。郭某于4月14日向公安机关报案，5月11日，刘某被公安机关抓获，此时，刘某已将这480万元分别转到内蒙古某投资有限公司和自己的新疆某投资有限公司的账户上。

想要做好股权融资，就必须找到其中的关键节点，这样才能有的放矢。股权融资中，有四步是必须注意的，具体如图2-2所示。

（1）制作完整的商业计划书

商业计划书是打开投资人大门的钥匙，最关键是要足够吸引人。

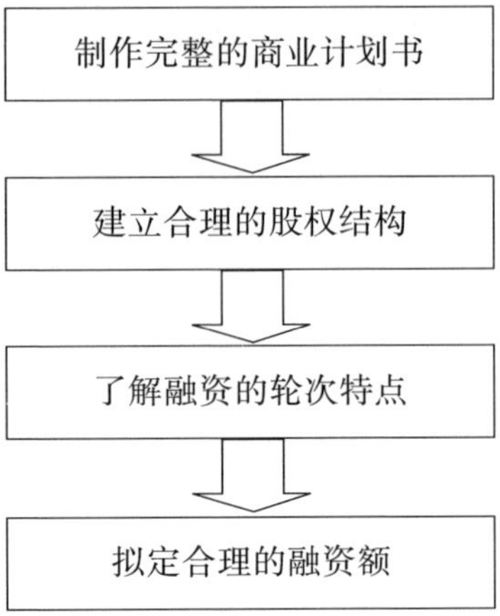

图2-2　股权融资的关键四步

完整的商业计划书包括行业描述、团队介绍、商业模式、项目进展情况、技术与壁垒、财务状况、融资规划等，还要讲清一个有逻辑、带情感的商业故事。通常来说，20页左右的商业计划书即可清晰展现一个品牌的特质，内容太少或太多的商业计划书，都不能真正表现出企业的特质。

（2）建立合理的股权结构

企业一定要有合理的股权结构，这样才能让融资人或机构有投资的想法。通常来说，CEO必须占大股。早期CEO的占股至少应该保持在60%~80%的水平，这样才能避免出让股权太多、出现能力强的CEO股权少而不得不推倒重来的局面。

（3）了解融资的轮次特点

一般来说，融资轮次划分为种子轮、天使轮、A轮、B轮、C轮、D轮、E轮等，但根据实际情况，有些项目也会进行Pre-A轮、C+轮融资。

①种子轮——团队、想法、产品。

种子阶段的融资人，通常处于只有想法和团队，但没有具体产品的初始状态。投资人一般多是亲朋好友或创业者，当然现在也涌现了不少种子期投资人。

倘若你的融资项目有团队、有想法，马上将进入最终落地的阶段，那么就可以开始进行种子轮融资。种子轮的项目失败风险极高，融资金额一般在 50 万 ~200 万元，机构很难涉及，一般个人天使和孵化器基金会重点关注。

②天使轮——产品可视，商业模式清晰。

天使阶段的项目通常有初建团队，有成熟产品上线，有产品初步的商业规划，有种子数据或能显示数据增长趋势的增长率、留存、复购等证明，积累了一些核心用户，商业模式处于待验证的阶段。天使轮融资金额在 300 万 ~500 万元。

③ Pre-A 轮——有一定规模，尚未占据市场前列。

Pre-A 轮是一个夹层轮，融资人可以根据自身项目的成熟度，决定是否需要融资。倘若在项目前期整体数据已经具有一定规模，只是还未占据市场前列，那么可以进行 Pre-A 轮融资。

Pre-A 轮也可以称为 A+ 轮融资，企业经过 A 轮融资后，已经初具规模，但此时钱却烧没了，那就先来个 Pre-A 轮江湖救急；或者在 A 轮融完以后，又有大咖看你不错，想投资你的业务，但新的业务没有进展，估值也基本没有变化，所以就来个 A+ 轮融资。

④ A 轮——拥有以产品及数据支撑的商业模式，处于业内领先地位，初具规模。

一般 A 轮就是第一轮，企业的第一轮融资是非常重要的。对于拥有成熟产品、完整详细的商业及盈利模式，同时在行业内拥有一定地位和口碑的项目的企业来说，哪怕现阶段企业可能处于亏损状态，也可以选择专业的风险投资机构进行 A 轮融资。

这一阶段融资人已经不可能只凭借想法融资，而是要有用户，包括每日活跃用户量、每月活跃用户量，要有自己的商业模式，有能与竞品抗衡的成熟产品，有一定市场位置。

⑤ B 轮——得到验证的商业模式，新业务与新领域拓展，比较强

的竞争优势。

经过一轮烧钱后，项目已经有了较大的进展，商业模式与盈利模式均已得到很好的验证，有的已经开始盈利。

此时，融资人可能需要资金支持推出新业务、拓展新领域，那么就适合以说服上一轮风险投资机构跟投或寻找新的风投机构加入，抑或吸引私募股权投资机构（PE）加入的形式，开始新一轮的 B 轮融资。

⑥ C 轮——得到验证的商业模式，新业务与新领域拓展。

此时公司主要特点是模式已经非常成熟，在行业内处于头部，正在为上市做准备。

此时的融资目的，第一是继续拓展新业务；第二是通过收购或自我发展形成商业闭环，满足上市前资金需求。此时投资风险已经大大降低，前景光明。

⑦ D 轮、E 轮、F 轮融资——简单来说，其实就是 C 轮的升级版。

需要进行 C 轮、D 轮融资的企业有两种：一种是需要持续扩张企业规模的；另一种是有同领域的竞争对手，为了获得市场，在初期需要烧钱的。一些在 B 轮后已经获得较好收入情况甚至盈亏平衡的，就不一定需要 C 轮及以后的新融资了。C 轮、D 轮融资金额一般都是数亿元人民币。

一般需要持续烧钱的巨型项目才需要 D 轮以后的融资，多是针对金融投资巨头大玩家。

融资轮次时间上的顺序也从侧面反映了公司的发展情况，通过每笔融资的金额也可以看出公司发展的情况怎么样，A 轮、B 轮、C 轮、D 轮只是个叫法而已。

当然，在市场竞争中，先融资成功的企业将取得甩开竞争对手的绝对优势（人才战、价格战、市场占有率），这也是融资的最大目的。

各轮融资特点见表 2-1。

表 2-1 各轮融资特点

轮次	特点
种子轮	团队、想法、产品
天使轮	产品可视，商业模式清晰
Pre-A 轮	有一定规模，尚未占据市场前列
A 轮	拥有以产品及数据支撑的商业模式，处于业内领先地位，初具规模
B 轮	得到验证的商业模式，新业务与新领域拓展，比较强的竞争优势
C 轮	得到验证的商业模式，新业务与新领域拓展
D 轮、E 轮、F 轮融资	简单来说，其实就是 C 轮的升级版

（4）拟定合理的融资额

融资额非常重要，它决定了我们的融资是否真的会给企业带来帮助。过高的融资额就意味着过早地贱卖自己的股权，过低的融资额又对企业没有实际帮助。

从某种程度上来讲，较为合理的方式是以未来 6 个月，最多不超过 1 年需要花多少钱为依据来确定自己的融资额。我们可以根据包含盈利预测在内的现金流量表，来分析未来最大的资金缺口何时会出现，且最大的资金缺口是多少，这些对我们拟定合理的融资额具有较可靠的参考性。融资额越精准、越合理，越能打动融资人或机构。

2.2 对赌协议：投资双方的博弈

对赌协议，又称“估值调整机制”，主要是VC对企业的估值判断不准或对财务数据存有疑问时，通过设定目标盈利水平和触发条件，来避免不可预知的盈利能力风险。

简单来说，就是投资方和融资方在达成融资协议时，对未来不确定情况进行的一种约定。如果约定的条件出现，投资方可以行使一种权利；如果约定的条件不出现，则融资方可以行使一种权利。从本质上讲，对赌协议实际上就是期权的一种表现形式。

天下没有免费的午餐，VC向企业投入资金，必然会对企业提出相应的要求，比如业绩、客户规模等。常见的对赌协议条款通常以创业公司未来的经营业绩作为对赌的标的，以创业者和投资者之间相互转让一部分股权或退回一部分投资款作为赌注。

三只松鼠创始人或因对赌协议被迫出局

证监会在2017年12月12日发布公告称，鉴于三只松鼠股份有限公司尚有相关事项需要进一步核查，决定取消第十七届发审委2017年第72次发审委会议对该公司发行申报文件的审核。

换言之，一只脚踏进上市门槛的三只松鼠，现在被拒之门外了。

三只松鼠飞速发展的背后，离不开强有力的资本支撑。资本是仁慈且残酷的，融资对赌协议中清清楚楚地写着：

若 2017 年 12 月 17 日后三只松鼠的 IPO 仍处于中止状态，协议将自动生效，赋予投资方回购权、连带并购权、优先清算权、反稀释权、重大事项一票否决权等特殊权利安排。

自 2012 年创立以来，三只松鼠通过 4 轮融资，拿到了 4.7 亿元的融资，2015 年才开始盈利，但次年的净利润增长就达到 2535%。

可以说，这家企业备受资本宠爱。

但如果在 2017 年 12 月 17 日之前三只松鼠上不了市，结果将是：

- 投资方拥有回购权——可以不断增持股权。
- 投资方拥有连带并购权——买的人可能要求控股，可能是 100% 的收购。
- 投资方拥有优先清算权——企业清算时，可以有优先其他股东获得分配的权利。
- 投资方拥有反稀释权——以后再多投资人进来，稀释掉的只是创始团队手中的股权。
- 投资方拥有重大事项一票否决权——所持股权未达 1/3，仍然可以决策公司命运。

基本上，如果三只松鼠的创始人章燎原输掉对赌协议，那么他及创始团队，必将失去对三只松鼠的控制权。

对赌协议是一把“双刃剑”，在给企业带来激励作用的同时，也会带来较大的风险与压力。对赌协议既成就了蒙牛和摩根士丹利的双赢，也使得俏江南前掌门人张兰净身出户，输掉了自己用 23 年打下来的江山。

在中国“不上市”的企业中，有些企业能上市而选择不上市，而有些企业是想上市而不得上市，俏江南无疑属于后者。从 A 股到港股，餐饮女强人张兰执掌的俏江南集团转战多次，却屡次碰壁，直到现在，张兰家族彻底失去对俏江南的控股权。

复盘俏江南：创始人如何一步步失去控制权

1991年，张兰揣着13万元回国，在北京开出第一家川菜馆阿兰餐厅。此后10年里，“阿兰”的招牌开始复制到各个餐饮领域，包含海鲜、中餐厅、烤鸭等。

2000年4月，张兰毅然转让了所经营的三家大排档式酒楼，以创业近10年攒下的6000万元投资进军中高端餐饮业。在北京国贸的高档写字楼里，张兰的第一家以川剧变脸脸谱为Logo的“俏江南”餐厅应运而生。在那之前，张兰是“阿兰餐厅”“阿兰酒家”“鱼翅海鲜大酒楼”“阿兰烤鸭大酒楼”等北京诸多餐饮店的老板。

从2000年到2010年，俏江南通过不断创新的菜品和高端餐饮的定位，在中国餐饮市场上赢得了一席之地。其业务也逐渐向多元化发展，衍生出包括会所在内的多个业态。相关资料显示，俏江南在创建之初即实现盈利，2007年，其销售额达10亿元左右。2009年，张兰首次荣登胡润餐饮富豪榜第三名，财富估值为25亿元。

到了2013年，俏江南在全国开出80家直营店。当年9月，俏江南总裁安勇在接受中新网采访时说道，俏江南在2013年仍然实现了业绩增长，并将在全国范围内再开10家新店。一切都看似红火，但往往繁荣背后，危机潜藏，细看俏江南内部，这家公司可能已经没那么俏了。

2008年，为了支持门店扩张计划，张兰引入了国内知名投资方鼎晖投资，当时俏江南被估值约20亿元，鼎晖以2亿元的价格换取了俏江南10.53%的股权（见图2-3），并与张兰签署了对赌协议，如果俏江南不能在2012年实现上市，张兰则需要花高价从鼎晖投资手中回购股份。

不巧的是,2011年俏江南在A股和港股市场都碰壁了。也就是说，张兰需要按照协议，拿出4亿元回购鼎晖所持有的股份。

现金流是每个企业的老大难。就连身家220亿美元的马斯克，也曾为现金流抵押了5处房产。张兰拿不出那么多钱，为此，鼎晖启动了“领售权条款”。

条款要求，除了鼎晖转让所持10.53%的股份，张兰也要跟随出售

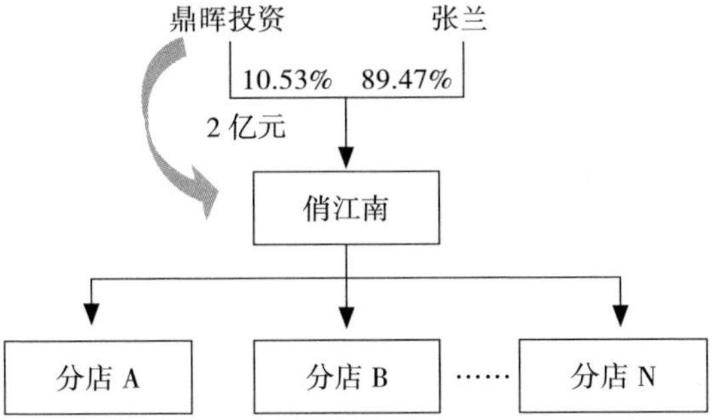

图2-3 俏江南股权结构

72.17% 的股份，而多达 82.7% 的股份被出售，又将触发公司清算条款（见图 2-4）。

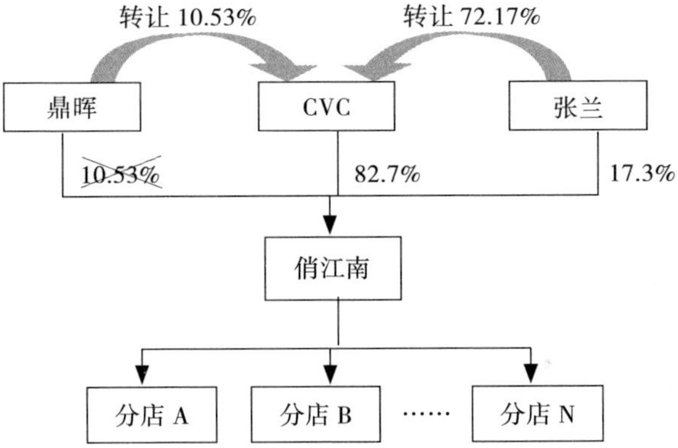

图2-4 鼎晖出售俏江南

靠餐饮做起来的张兰，在资本的大手下显得无奈。在清算条款触发后，张兰与鼎晖同时出售得来的现金，唯有偿还鼎晖 2 倍回报后，才是张兰的。

协议摆在面前，张兰和 4 年前一样潇洒地写下了自己的名字。从此之后，一发而不可收。

直到 2014 年，鼎晖才找到俏江南 82.7% 股份的买家。欧洲最大的私募股权基金 CVC 为此花费了 10 亿元，鼎晖拿了 4 亿元便匆匆走人。

但此时，创始人张兰手里只捏着俏江南13.8%的股份，俏江南员工占3.5%，俏江南再也不是张兰的俏江南。张兰甚至向媒体坦言“最大错误是引入鼎晖投资”。

※对赌协议的消极作用

总体来说，对赌协议对需融资的创业企业来说有利有弊，优点是能够快速获得投资机构信任，获得企业发展所急需的大额资金，实现低成本融资和快速发展。

但对赌协议在企业融资中也有很大的消极作用，如图2–5所示。

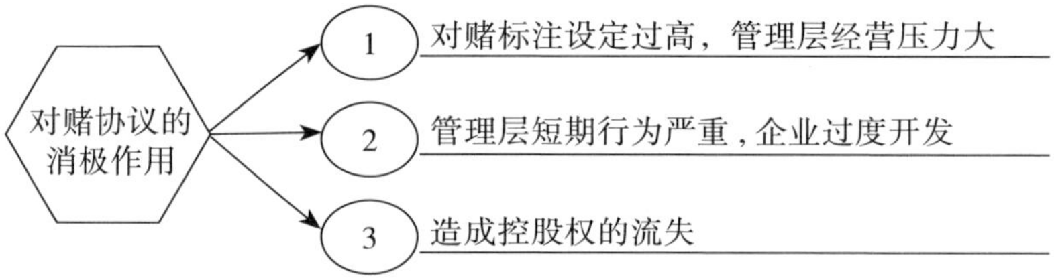

图2–5　对赌协议的消极作用

（1）对赌标注设定过高，管理层经营压力大

为了获得更高的投资回报，并降低投资风险，投资方可能会要求融资企业完成较高的业绩目标，而融资企业为了抓住转瞬即逝的发展机遇，可能会愿意接受这种高风险的对赌协议，从而使企业管理层面临较大的经营压力。

这种情况下，因为担心无法完成目标而导致自身丧失公司控制权，管理层会背上“只能成功”的心理包袱。

为了完成业绩目标，管理层可能变得以结果为导向，对员工管理及风险控制缺乏足够的重视，难以及时发现企业发展存在的巨大危机，从而给企业的长期发展埋下隐患。

（2）管理层短期行为严重，企业过度开发

为了完成财务业绩目标，融资企业的管理层很容易变得急功近利，无法冷静下来分析企业当前的发展状况，并从长期发展的角度为企业设定战略规划，盲目收购、扩大规模等，严重透支公司的发展潜力，从而导致企业陷入巨大生存危机。

（3）造成控股权的流失

企业股权是融资企业和投资方签订对赌协议时的主要筹码，融资企业在未能完成业绩目标时，必须向投资方转让股权。

比如，前些年闹得沸沸扬扬的太子奶与投资者的对赌事件，当时双方对赌，如果太子奶集团完不成 30% 的业绩增长，则太子奶集团董事长李途纯将失去对公司的控股权。结果太子奶董事长李途纯惨败，不仅失去控制权，其舅舅高博文还因此自杀，其弟弟瘫痪，被对赌协议搞得家破人亡。

因此，创业公司同 VC 签署对赌协议时，一定要慎之又慎，否则一不小心就将陷入万劫不复的深渊。

※融资中对赌协议的应对策略及建议

（1）充分了解对赌协议，理性分析自身实力

融资企业在想要通过对赌协议获得发展资金前，应该对对赌协议有全面的认识，不能被投资方提供的所谓“高价”蒙蔽双眼，仅想到可能带来的高额利润回报，而忽视协议背后的巨大风险。与此同时，要将对赌协议和其他可以选择的融资方式进行对比，对风险、收益进行综合考量后，选择合适的融资方式。

如果决定要使用对赌协议获取资金，也要分析投资方要求达成的目标是否真正可行，而且要有危机意识，不能因为过去的一帆风顺就盲目签订合同。

（2）设置保护条款，保障对公司的控制权

设置保护条款，可以让融资企业在无法完成对赌协议时，控制损失，避免企业陷入发展困境。随着企业风险意识的逐步提升，设置保护条款在对赌协议中得到普遍应用，这种保护条款通常是当融资企业无法完成预期目标时，可以向投资方支付一定的现金或股权赔偿来中止对赌协议，对投资方来说，既然可以获得利润，就也能接受这种形式。

虽然保护条款会让融资企业蒙受一定的损失，但相比履行对赌协议可能带来的管理层丧失控制权的潜在风险，这种代价要小得多。

（3）加强与投资方的沟通，设定合理的对赌标准

投资方和融资企业之间普遍存在信息不对称的问题，出于控制风险、保障投资回报的考虑，投资方要求融资企业完成的对赌标准相对较高。而融资企业管理层因为对未来发展盲目乐观，可能未能意识到该目标超出了企业的能力范围，从而导致最终无法完成预期目标，各方利益同时受损。

所以，融资企业应该和投资方进行充分的交流沟通，双方共同制定相对合理的对赌标准，确保最终能够实现合作共赢。

2.3
股权稀释：创始人变为打工者

在某些行业，企业不引进外部股权投资是不可能发展的，如我国的互联网行业都有创业投资的支持。而且，企业要想成为行业的龙头，需要引进的投资不止一轮，而是要多轮融资。以京东为例，从创业到在美国纳斯达克上市，公司先后经过七轮融资，融资金额近30亿美元。如果当初没有好的股权设计，则创始人可能到最后根本无法控制公司走向。

比如，某企业第一大股东的股权比例仅为30%，若经过多轮融资，其股权比例将稀释到20%以下，那么其对公司的控制权可能就会出现问题。

接下来，我们将通过对1号店股权变化情况的回顾，解读1号店创始人团队丧失控制权的全过程，希望借此能给创业者一些启示。

1号店创始人丧失控制权的全过程

2008年于刚、刘峻岭创立1号店，运营公司名为新岗岭有限公司（NEWHEIGHT CORPORATION LIMITED），注册地为中国香港。1号店定位于B2C模式的网上超市，主营日化、食品、快销等品类。2008年1号店销售额为417万元，2009年增长到4600万元，到2010年1号店的销售额达到8.05亿元，成为中国排名前十的电商品牌。

2009年，金融危机继续在全球蔓延，电商行业也迎来寒冬，1号店资金短缺，投资人也不再看好电商。2010年5月，中国平安集团出资8000万元收购1号店80%股权成为最大股东，对1号店形成绝对控制之势。至此，1号店创始人团队已完全失去控股权。

当时于刚表示："如果融资的结果是把公司做成，我不在乎股权多少。正如马云，他持有阿里巴巴的股份也不高，但没有人怀疑他的贡献。"

但于刚没有意识到，平安集团一旦掌握控制权，一定会加强对1号店的股东会与董事会的控制，深度介入1号店的经营管理；另外，持股80%的平安想转让股权，创始人团队也根本无力阻止！

对于这次收购，平安董事长看中的是1号店的医药资源，他预想借助1号店的电商渠道推动其健康险的发展，同时将平安药网与平安医网纳入1号店实现渠道整合。不过，随着整合的进行，平安集团发现收购1号店的效果低于预期目标。

于是，2011年5月，中国平安集团将1号店17.7%的股权作价6500万美元出售给沃尔玛；2012年8月，沃尔玛对1号店的持股增至51.3%，平安集团持股稀释至36.9%，于刚和刘峻岭管理层股份被稀释

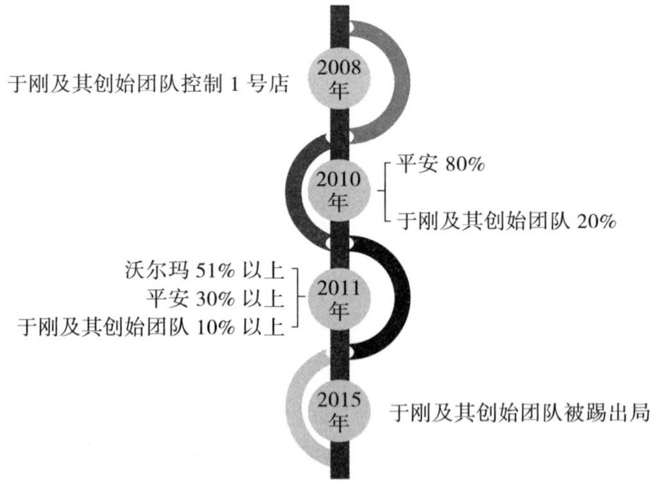

图2-6 1号店股权变化

至 11.8%，至此沃尔玛成为 1 号店最大股东。

2015 年 7 月 14 日，沃尔玛对外公布了 1 号店两位创始人离职的消息；2015 年 7 月 23 日，沃尔玛宣布收购了中国平安及 1 号店创始人于刚和刘峻岭的股份，沃尔玛的持股比例从 51% 升至 100%。至此，1 号店成为沃尔玛全资控股子公司。1 号店股权变化见图 2-6。

2016 年 6 月 20 日，沃尔玛将 1 号店主要资产打包作价 95 亿元，换取京东新发行的约 1.45 亿股 A 类普通股（约为京东发行后总股本的 5%）。至此，1 号店三次易主，最终归于京东名下，至今 1 号店发展仍扑朔迷离，昔日位列前十的电商，最终沦为鸡肋，实在令人嘘唏。

平安集团与沃尔玛实际上一开始就将目标放在 1 号店的控制权上，而这也是 1 号店的两位创始人所忽略的事实。于刚团队在弹尽粮绝时决定进行融资解决困境，作为投资方的平安集团也有自己的打算，它想通过 1 号店的医药渠道与资源加快健康险的发展。而于刚团队选择用 80% 的股权换取平安集团的资金，实质是出让了公司的实际控股权。

在获得资金的同时，于刚团队也由公司掌控者变为没有决策大权的合伙人。当平安集团发现资源整合后未能实现预期的效果时，转让其控股权给沃尔玛也就是必然结果。所以，这场博弈从刚开始已经注定 1 号店的两位创始人是输家。

股权稀释导致 ofo 创始人被架空

2018 年 1 月，滴滴打车向自己投资的公司 ofo 发起战争。滴滴与 ofo 貌合神离已久，这一切源于戴威对 ofo 控制权异乎寻常的坚持。

从 ofo 的股权架构我们不难看出，戴威股权占比 36.02%、滴滴股权占比 25.32%、经纬股权占比 10.15%、金沙江股权占比 5.83%。一眼看去，戴威的股权高于滴滴，但从派系上看，ofo 的股权架构大致可以分为 ofo 系和滴滴系，在 ofo 系中，除了戴威占有最高份额股比，其他几名联合创始人薛鼎、张巳丁股权占比均只有 2.39%。而其他几名股东，无论是金沙江、经纬还是王刚，除了是ofo的股东以外，他们另外一层身份是滴滴的投资人。ofo股东构成如图2-7所示。

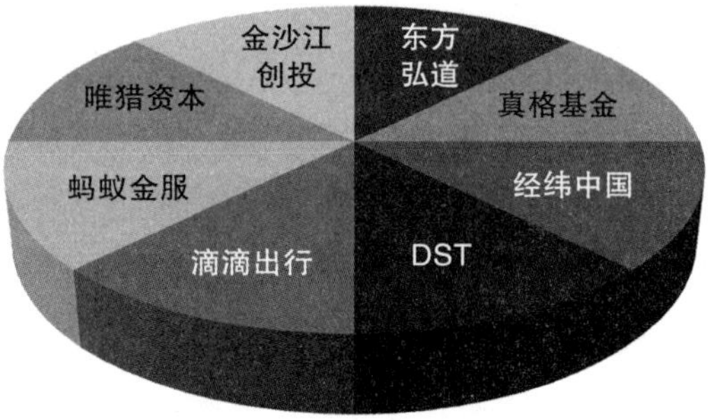

图2-7　ofo股东构成

与此同时，ofo董事会成员包括10人，其中陈熙和朱景士分别在滴滴担任战略部高级总监和国际业务事业部负责人职务。

综合看来，滴滴不仅在ofo的股权架构中占比高于戴威，再加上在董事会占有两个席位，完全有能力将身为董事长的戴威架空，从而接手ofo的控制权。

ofo为了获得更快的发展，引进外来资本是无法避免的，但在多轮融资进程中，股权被不断稀释，加上没有健全合理的股权结构设计，戴威失去公司控制权只是早晚的事。

2018年8月，网传滴滴提出以20亿美元的估值收购ofo，后续意向书的曝光也从侧面证实了这一传言。需要注意的是，此意向书中同时提出，ofo所有关键岗必须由滴滴提名、任命、替换或解雇，包括CEO。这意味着滴滴将拥有ofo的绝对控制权，而创始人戴威与其团队成员将被踢出局。

可见，资本的力量可以助推企业成功上市，同时也可以把创始人扫地出门，这正是市场的游戏规则。创始人必须做好股权结构设计才可以确保自己在与资本博弈的过程中掌握公司的控制权和主动权。

市场里的投资人一般分为财务投资人与战略投资人两种。风险投资人属于典型的财务投资人，他们的目标是以股权投资溢价获取财务收益，并不参与公司的经营管理，也不会要求取得控股权。

而战略投资人投资的主要目的是加强自身产业链的布局。因此，战略投资人会对被投资公司的董事会进行控制，同时深度介入被投资公司的管理。比如，平安集团与沃尔玛作为战略投资人，从一开始就是瞄准 1 号店控制权来的。

资本与人一样，都具有不同的脾气与性格。创业者在融资时，要了解资本背后的意图，只拿适合自己的钱。千万别等羊亡了才想起补牢，这样既失去了控制权，又会陷入被动地位。

在融资过程中企业股权被稀释属于正常现象，股权占有比例也不能完全等同于公司控制权，但企业创始人珍惜自己的股权是使企业得到长远发展的一个重要保障。

2.4
估价不当：丧失持续融资能力

当企业只能用手头有限的资金艰难地维持运营，或者急需资金缓解财务困境、扩大生产时，融资就显得格外诱人，如果有可能，企业会把能够融到的资金全部收入囊中。一个企业如果能够融到很多的资金，甚至多次融到较多的资金，在世人眼中，就是所谓的“成功企业”。然而事实并非如此，一个企业尤其是创业企业，账面上融资过多，不一定是件好事。

融资过多导致公司倒闭

某家互联网公司刚成立不久，因为创业者自身的努力和自律，该公司发展状况良好，积累了一批忠实的用户。创业者决定融资 600 万元。对于这家刚成立不久的公司来说，600 万元无疑是笔大数目，融资后，公司上下都非常期待公司的进一步扩张。

然而仅仅六个月，该公司就倒闭了。其原因在于，一半的融资都用于发放员工的额外津贴、福利等，员工过于乐观，失去了以往的严谨、踏实、认真、高效的工作作风。后来公司进行扩张，但对风险评估不够严谨，资金链断裂，公司倒闭。

从事物的普遍规律来看，凡事都有“度”，过少则不足，过多则浪费。企业需要资金，就好比饿肚子的人需要食物。点餐时，饿肚子的人会根据自己的食量选择食物，如果很饥饿，点的食物可能会多些；如果不是很饿，则可能只点份粥，此时，就算服务员一再向他推荐招牌菜，他也不会再点，因为他心里很清楚，如果再点只会造成食物浪费。融资也是如此，股价不当、多融资也会给企业带来多重弊端。

每个公司都有其自身的价值，而对价值的评估，则是投资者对某个公司在其特定时间点上价值的判断。虽然这样的工作独特而具有挑战性，其过程和方法也需要具备科学灵活的特点，但对公司进行估值是投资人准确投资的一种重要参考。

对企业进行准确而全面的估值，意味着在公司开始融资运作之前，投资方需要考察公司的业务、规模、发展趋势和财务状况等因素，同时也需要了解公司将要出让股权的价值。打一个简单的比方，投资人考虑对你的公司进行融资时，就如同在市场上挑选产品。除了关注产品的质量、功能、价格之外，还需要对产品整体的价值进行判断。

估值争议导致融资暂停

中国打车市场中，滴滴和快的最大的竞争对手 Uber 一心想要在中国扩大市场，加快投资和融资的进度，同样，投资机构也比较看好该公司，但问题在于对其现在的估值出现了分化。

Uber 中国公司在该轮融资中，估值区间为 50 亿 ~90 亿美元，差异达 40 亿美元。估值结果不统一，导致他们暂时未能在融资进度上达成共识。

如果估值能有良好结果，显然公司会在融资过程中获得更多的投资资金。反之，如果估值受挫，融资也就会相应暂停。

完善公司估值，避免遭受损失

马先生的公司正在与一家风投公司进行融资谈判，马先生因为经验有限，所以对很多问题不太了解。在双方谈到估值这个阶段时，风投公司表示，根据测算，马先生的公司价值为500万元，风投公司投资200万元，获得40%的股份。马先生表示同意，双方签署了合同。几个月后，马先生认识了一名懂得股权交易的朋友，对方经过测算表示，马先生的公司价值至少为1000万元。当初马先生应该进行完善的估值，这样才能避免类似的损失。

融资路上处处是陷阱，企业要融到合适的资金，首先需要量化融资需求。

常用的企业估值方法有三种：现金流折现法、市盈率倍数法和账面价值法。

第一种，科学法：现金流折现法。

现金流折现法是对连续经营价值的分析，通过计算企业未来可能产生的全部现金流折现值来估算企业价值。

在运用现金流折现法之前，先要了解两个概念：自由现金流和折现。自由现金流是指在企业产生的、在满足了再投资需要后剩余的现金流量；折现则是根据企业这一年的净利润和一定的折现率，估算企业的预期市值。

现金流折现法更适用于即将上市的成熟公司。这种估值方法对初创公司来说具有非常大的不确定性，因为预测初创公司的现金流是不太准确的，在不确定的现金流基础上折现，计算出来的公司估值当然也不可靠。

第二种，简单法：市盈率倍数法。

在使用相对估值法评估企业价值时，最常用的方法是市盈率倍数法，其计算公式为：公司市值 = 公司收益 × 市盈率倍数。比如一家初创公司上一年的利润是500万元，采取10倍市盈率，投资后的估值就是5000

万元。如果投资人决定投资 700 万元，则投资人的股份占比就是 14%。

市盈率倍数法的优点在于直观简单，容易计算且很容易获取数值，方便在不同股票间作比较。它还能作为衡量公司其他特征的指标，比如风险性与成长性。

市盈率倍数法的缺点在于它有被误用的风险，在企业收益或初创企业预期收益为负值时，该方法不适用；市盈率倍数法使用短期的收益作为参数，所得数据不能用来直接类比有不同长期前景的公司；市盈率倍数法不能反映企业运用财务杠杆的水平，容易造成较大的误差，从而易导致得出错误的结论。

第三种，保守法：账面价值法。

账面价值法是指公司总资产扣除股东权益部分，作为目标公司的价值。账面价值法是对目标公司现有的资产进行估值分析，不能着眼于目标公司的未来价值进行评估。一般会有以下三方面的原因影响账面价值法的准确程度：①通货膨胀使某项资产的价值不等于它的历史价值减折旧。②技术进步使某些资产出现过时贬值。③组织资本的存在使得资产组合超过各单项资产价值之和。

某公司的估值计算如图 2-8 所示。

公司估值

时间	实收资本	应减发展股	未分配利润	往来投借	合计	当年利润	营业收入	总资产	短期负债	长期负债	合计	应收账款	净利率	投资回报率	资产负债率
2017	193.31	29.5	17.45	18.9	200.2	138.3	715.9 万	470.78	114.73	441	158.33	334.3	19%	59%	34%
2018	200.31	44.1	155.75	−15.6	295.4	210.2	920.3 万	758.76	257.05	301	347.15	623.3	23%	71%	45%
2019.9	156.21	80.1	265.4	−1.4	340.1	134.4	650 万	632.83	−33.25	110.1	75.85	435.7	23%	40%	12%
9 月底调整后	156.21		249.7		405.9			632.83	116.75	110.1	226.85	435.7			35%

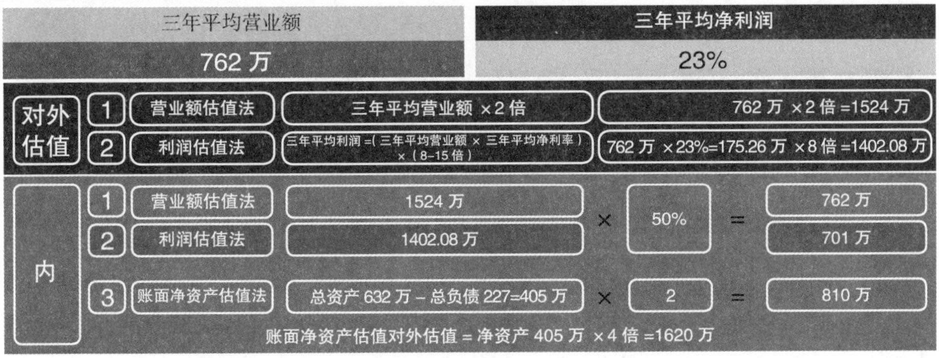

图2-8 某公司的估值计算

2.5

投资受损：融资人与领投人恶意串通

巴菲特有句名言："投资的第一原则是永远不要亏钱，第二条原则是永远不要忘记第一条原则。"投资者的每一分钱都是血汗钱，防范风险永远比博取收益更重要。如果做不好风险管理，积累再多的财富都可能化为乌有，从1万元到1亿元可能需要一辈子，从1亿元到1万元有时却只需要一瞬间。

机构投资者经过长期的实践检验，形成了对投资范围和仓位的严格限定。比如，很多银行在投资债券的时候，只能投AA级以上债券；保险投资单一股票不能超过总资产的5%；公募基金投资同一公司发行的证券合计不得超过产品净资产的10%；等等。这些风控措施让机构一般不至于血本无归。

但对于个人投资者来说，投资知识不完善，缺少投资纪律，很容易把鸡蛋压在一个篮子里，最后竹篮打水一场空。尤其是这几年，监管相对宽松，金融创新产品不断涌现，而且形式越来越复杂，别说一般个人投资者看不明白，很多专业机构投资者都是雾里看花。

众筹作为一种基于互联网渠道的股权融资模式，主要面向普通投资者。目前由于经营方和投资方双方信息的不透明、融资款的监管等众多问题没有得到很好的解决，多家众筹平台包括京东众筹在内已经实际退出了股权众筹这个领域，股权众筹市场不断萎缩，现在众筹更多的还是以项目众筹为主，投资者所获得的回报也大多是以实物为主了。

目前，众筹流行“领投 + 跟投”的众筹模式，也就是由专业天使投资人领投，普通投资者跟投，一般采用“同进同出”的方式来保证普通投资者的收益。这样既降低了领投人的风险，又使普通投资者节约了审核和挑选项目的时间成本。但是一旦出现领投人和融资方串通的情况，普通投资者的合法权益就无法得到保障。成都猿团科技就是一个典型的例子。

融资人与领投人恶意勾结损害投资人利益

成都猿团科技有限公司（以下简称“猿团”）由谢恩明于 2015 年 6 月创立，该公司是一个技术众包交易平台，也是网络孵化器，即程序员利用业余时间帮助创业公司完成技术外包，以此获得现金加股权。

2015 年 7 月 7 日，猿团开始在 36 氪股权众筹平台上进行天使轮众筹路演。2015 年 11 月初，猿团天使在 36 氪股权众筹平台上进行众筹路演。第一轮众筹 266 万元，领投方为极客帮，领投了 60 万元。第二轮继续由 36 氪组织众筹 500 万元，还有各路投资人以通过其他渠道直接购买股份等方式注资的近 800 万元，这次的领投方为猿团的前员工胡功欣。最终的结局却是公司创始人谢恩明和领头方勾结，给投资者造成重大的损失。

通过对该公司“扒皮”，可以很明显地看到以下 4 个问题：

①股份分配极为随意。在银行提供的财务流水中，可以看到极客帮投资 60 万元却没有任何股份，蒋涛并未投资却占有 5% 的股份。

②领投方极客帮通过领头身份以 200 元的成本拿到 20% 的项目收益，然后将另外的 60 万元单独打给公司。这样操作的结果就是，极客帮仅有 200 元的出资份额受“同进同出”条款的限制。

③领投方和平台方负有的尽调职责缺失。公司创始人谢恩明于 2014 年、2015 年两次被列入“被执行人名单”，而对于这一情况，普

通投资者却并不知情。

④项目方不靠谱。根据相关媒体报道，36氪众筹投资人所建立的有限合伙企业对猿团公司账户的投资打款在公司账户短暂停留后当天直接转入谢恩明个人账户中，总额超过50万元，操作极不规范。

很多投资陷阱往往初期回报还不错，但背后是借新还旧、庞氏融资。庞氏骗局意味着初期必须让资金先滚动起来，让初期投资者尝到甜头，让他们去宣传，去拉新人进来。等到进来的人越来越多的时候，再卷款跑路，这对集资方是最有利的。

这些投资陷阱往往具有不断发行、募集规模在短时间内暴增的特点。如e租宝于2014年7月上线，到2014年12月8日总交易量就达到745.68亿元；白昊和他的昊达投资利用乌金煤业这家公司的项目反复融资，短短三年非法筹集52亿元资金。但稍加思考就会发现，一个公司不可能有如此之多的项目来反复进行融资。而一些正规投资渠道的项目或理财产品，往往不会存在反复融资的情况，大多会将融资规模控制在一定范围内。

要想解决众筹中投资陷阱的问题，一是靠市场，二是靠政府。就前者而言，针对投资能力不足的问题可以建立一种连接投资人和企业的股权众筹平台，这种中介性质的平台有助于弥补投资人的能力不足，而风险把控能力的缺失则可以运用互联网化的众包模式来弥补；政府所要做的就是借助法律来抬高投资准入门槛。

2.6

资金消耗：能融资，也要会花钱

融资成功，意味着企业通过做产品和发展终于有钱了，但接下来应该怎么办？是不是有了资金就有了一切？要知道，如果你对融资的认识仅限于融到资金，那么，你的企业是无法长期发展的。

在创业的道路上，创业者完成融资不是结束，而是一个全新的开始。融的资金怎么花，直接决定着创业公司未来的发展。合理地利用融资，公司就会迅速成长起来；不能有效利用融资，公司和投资人反而都会遭受损失。

盲目发展导致企业或巨额融资后失败

Webvan 曾是美国一时风光无两的网上杂货零售商，初期就吸引了包括红杉、Benchmark、软银、高盛、雅虎在内高达 1.2 亿美元的风险投资，在短短 18 个月的时间里，Webvan 成功上市融资 3.75 亿美元，其最高市值曾经一度达到 76 亿美元。

融到钱之后，Webvan 开始努力扩张，市场范围从旧金山海岸地区扩张到美国 8 个城市，并从零开始建立起了一套巨大的配套基础设施（其中包括耗资 10 亿美元购入一片高科技园区的仓库）。

然而，疯狂的烧钱策略让它未能扛过 2000 年网络泡沫破灭的灾难，短短两年就宣布破产。两年时间内总计亏损超过12亿美元，平均每单亏损130美元。2001年7月，Webvan倒闭，2000多名员工失业。

“他们为基础设施建设花了太多钱，尽管这是他们商业模式中的一环，但这计划中的优势最终却带来了最坏的结果。”经济分析师说，“公司扩张得很快，然而市场需求跟不上，大规模反而成了累赘。其实这和‘杂货铺子’Webvan也有关，网站并不像宣传得那样易于使用”。

Webvan案例给融资企业带来的最深刻的教训就是，即便你能够实现完美的融资，也不要盲目发展。更不用说，许多创业的中小企业在辛苦融资之后，只是为了维持企业的生存。如何把钱用在刀刃上，达到最好的效果，值得创业者进行深入的研究。

企业融资后究竟应该如何花钱呢？企业融资后的5种花钱策略见图2-9。

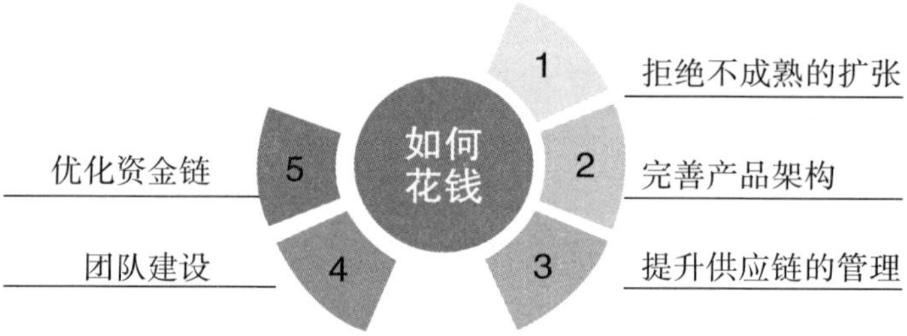

图2-9 企业融资后的5种花钱策略

（1）拒绝不成熟的扩张

事实证明，融资得来的金钱只是解了企业一时的困境，你不应该因为企业资金的变化而产生不成熟的扩张想法，一定要避免在客户和市场还没有真正认可企业产品之前，就因为融资成功而将大笔现金使用在推广和扩张方面。

事实证明，融资成功很容易让创业者感到信心十足，他们会因为自己拿到的金钱而感情用事，觉得自己的商业模式已经得到认可，而认为扩张的成功几乎是手到擒来。此时，就需要创业者调整好心态，尽管融资成功是企业发展的关键里程碑，但这并不意味着成功。只有不断地循环往复提高实际利润，才能使自己的公司走向可持续发展。

（2）完善产品架构

对所有早期项目来说，成功的逻辑几乎只有一个，那就是成功的产品。如果创业者没有搭建一个能够支撑长期发展的产品架构和强有力的产品入口，公司就很难得到长期发展。

资金最有希望成功的投向就是完善产品架构，把一个初步的商业构想落实成为一个具体的商业架构，这是投入产出率最高，也是成功概率最大的方向。

（3）提升供应链的管理

在保证和优化资金链的基础上，积极总结企业的内部管理、市场的需求风向，整合生产、销售和库存等不同环节，战略性地看待企业的整体需求，做到有条不紊地将花费成本所融来的有限资金用在真正需要的地方。

相比其他环节，供应链是企业运用资金的重要领域。众所周知，供应链是企业生产和运营的基础，将资金运用在供应链的管理提升上，可以积极整合内外部优势资源，帮助企业对市场的需求信息做出积极迅速反应，加强企业和上下游企业之间的协作，控制成本并降低库存，分散所面对的风险。

（4）团队建设

员工是公司发展的基石，因此一些公司融到资金后，会将一部分资金用在员工身上，激励员工为客户提供高质量的服务和创新。员工的工作激情被点燃后，工作效率会大大提高，反过来也会促进整个公司的业绩增长。同时，创业公司也可以利用融资，聘请高科技人才，升级团队的核心力量，进一步提高创业公司的竞争力。如果创业公司正处在一个关键的阶段，却在专业人才上有所欠缺，企业整体发展速度就会受到影响。

（5）优化资金链

不少创业者都发现，资金链往往是企业发展中的最大困难。在融资成功之后，创业者应该深入分析企业目前的状况，对不同环节资金注入配比进行充分权衡研究，做到审时度势，根据不断变化的市场环境，制定企业的销售目标，形成对应的生产计划和库存及最终优化的资金链。

利用融资资金优化企业资金链

2017 年小米获得了一笔 10 亿美元的三年期再融资。当时，小米的估值一度达到了 1400 亿美元。对于小米来说最需要解决的问题还是还款问题，但将这笔融资全部用来还款是不现实的。因此，小米的当务之急，是要保证自己的资金链稳固。

由于要偿还从前的债务，小米能够展开手脚使用的资金并不多。但是，对于竞争激烈的手机市场来说，小米依旧要努力将几亿美元的融资用好，以维持自己的市场地位。

对小米来说，研发、渠道和开发海外市场都是应该关注的重点。2017 年 3 月，小米推出自研芯片“澎湃 S1”，表示将继续在芯片研发上加大投入。此后，小米研发了最新的“澎湃 S2”芯片，并派专人帮助高通进行芯片的研发调试工作。面对竞争激烈的手机市场，只有把核心技术掌握在自己手中，才能在未来竞争中占据优势。

而随着电商销售模式逐渐触及天花板，小米也开始尝试线下销售，针对不同的人群，小米也聘请了好几位有高人气的明星代言。

此外，小米在获得融资之后，便立刻着手扩张海外市场。比如在印度市场，小米已经取代了三星，成为印度第一手机品牌；而在西班牙、葡萄牙等欧洲国家，小米也已经与当地的零售商展开合作，正式推出了多款机型。

融资是有成本的，如果不能合理利用，造成资金浪费，不能获得效益，或者效益小于融资成本，那么企业就会因此背上沉重的财务负担。

企业获得融资只是第一步，如何合理利用这笔资金才是重中之重，不然即使募集到资金，也不过是平添麻烦。融资使用原则见表 2-2。

表 2-2 融资使用原则

融资使用原则	具体内容
收益风险原则	在使用融资前，企业往往会有预期中的收益，收益大，则说明融资得到了很好的利用。但收益总是伴随着风险，收益越高，风险则越大，因此，企业不能只顾眼前收益，而要在收益和风险之间找到平衡点
最大化效益原则	企业的资本结构要合理，即尽可能使用少量的资金谋取较大的收益，提高企业价值
监督原则	融资的使用应处在监督状态下，一方面投资者会关注资金使用情况，应每隔一段时间就提供相应的报告；另一方面面对突发情况能快速启动应对方案，降低损失
期限合理原则	融资使用一定要注意期限，要灵活运用长期、短期融资，同时注意企业的财务状况。企业每个阶段都应有满足其生产需要和应付突发事件的现金流
量力而行原则	融资使用应量力而行，有些企业项目过多，即使融资，也只能满足其一，不能满足其二。这时企业应考虑使用期限、获利方式和时间，最大限度提高资金的利用率，保持流通。但要注意资金链，万一中断，后果不堪设想

03

利弊双生的股权激励

▼

在落实股权激励计划的过程中，有很多陷阱会让公司运营者遭遇风险。这并不是股权激励本身错了，而是我们没有正确处理股权激励所包含的复杂的利益关系。从根本上说，股权激励计划是一种利益杠杆，通过调整利益分配方式来发挥激励作用，利益分配不合理，自然会妨碍公司的正常运转。

3.1 时机不对：增加企业财务成本

实施股权激励计划时必须充分考虑公司当前的资金状况，如果短期内激励幅度过大，会加剧资金紧张，显著降低当期的公司财务收益，导致公司业绩下滑甚至亏损，这对计划融资或正处在融资阶段的企业而言是非常不利的。另外，通常行权价格波动不大，而公允价值会随公司价值的增长而显著上升，这意味着越在后期行权，公司所负担的成本将越高。因此，制订股权激励计划时，要考虑到激励成本对公司利润的影响。

云天励飞高额股权激励导致企业连年亏损

2020 年 12 月 8 日，深圳云天励飞技术股份有限公司（以下简称"云天励飞"）申请科创板上市获受理。

招股书显示，云天励飞成立于 2014 年 8 月，2020 年 7 月变更为股份公司，主营业务为研发和销售 AI 产品及提供解决方案，注册资本为 2.66 亿元，实控人为陈宁，持有 33.70% 的股份。

据悉，云天励飞本次拟发行股票不超过 8878.34 万股，募集资金约 3 亿元，主要用于 AI 计算中枢及智慧应用、AI 技术、视觉计算 AI 芯片的研发及补充流动资金。

云天励飞持续亏损并逐年扩大。招股书显示，2017 年至 2020 年前三季度，云天励飞的营业收入分别为0.50亿元、1.33亿元、2.30亿元、2.67亿元，净亏损分别为0.55亿元、1.99亿元、5.10亿元、8.62亿元，如表3-1所示。

表3-1 云天励飞2017年至2020年前三季度收入、亏损

单位：亿元

	营业收入	净亏损
2017年	0.50	0.55
2018年	1.33	1.99
2019年	2.30	5.10
2020年前三季度	2.67	8.62

招股书显示，云天励飞2019年净亏损5.10亿元，2020年前三季度亏损更是扩大到8.62亿元，超过2019年全年净亏损额。

IPO参考发现，云天励飞亏损大幅增加与高额股权激励不无关系。招股书显示，云天励飞共成立了5个股权激励平台，2019年及2020年前三季度，分别发生股份支付2.08亿元及7.19亿元。

云天励飞回复IPO参考称，其在2019年及2020年前三季度的股权激励导致累计未弥补亏损大幅增加。同时表示，若未来实施新的股权激励计划，仍将可能产生大额股份支付费用，进而延迟盈利。

※股权激励的4个时机

（1）公司推出新战略时

当公司推出未来3~5年的新战略计划时，股权激励可以把重要人才和公司利益长期捆绑在一起。在这个时候授予股权有利于安定军心，增强高层团队的凝聚力。

（2）股权融资时

当公司的资本战略以股权融资为目标时，比如，引入战略投资者、财务投资者，或者谋求企业挂牌，都需要股权激励措施来配合。因为，投资者进行投资的一个重要考虑因素，就是公司的股权激励情况。

（3）商业模式发生重大调整时

当公司的商业模式发生重大调整时，股权激励是留住现有人才、激励新员工的重要手段，也是引进新商业模式所需人才的有效措施。

（4）并购重组阶段

企业在资本市场进行并购重组也是股权激励的重要时机。如果是自家公司兼并他家资产，股权激励有助于消除公司并购重组后可能产生的创业元老和新进股东之间的矛盾。

※企业不同发展阶段的激励模式

在每个特定阶段，企业会选择不同的股权激励工具。实行股权激励计划必须要结合自己的发展阶段，处于不同阶段、不同类型的企业在激励对象和激励额度上均有差异（见图 3-1）。

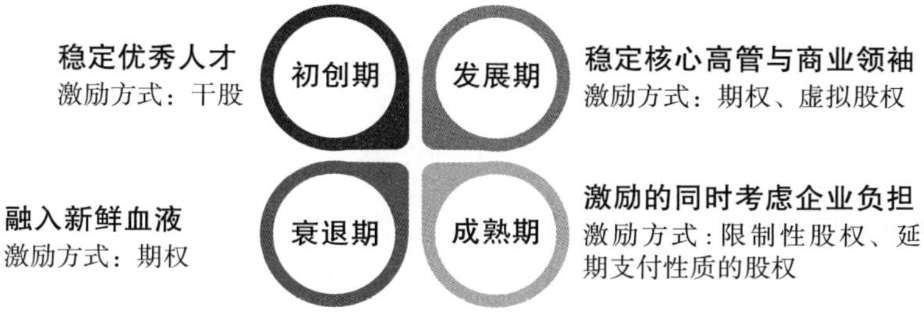

图3–1　企业不同发展阶段的激励模式

（1）初创期企业

企业初创期，缺的就是人才。这个时候最核心的目的就是稳定优秀人才，让大家看到未来发展希望。这个时候可以运用核心合伙人参与利润分红的方式（也叫干股）。

创业型企业最开始需要人才，这个时候运用这种方式吸纳核心人才是一个好方法。创立伊始，公司几个核心合伙人，有的以出资方式入股、有的以能力入股，当然对于股份的规定尤为重要。

运用利润分红的干股形式，一方面能吸引人才，另一方面能稳定核心团队。比如技术偏重型公司可以采用技术入股方式，这种股份没有投票权、表决权，只具有分红性质。实际上，越来越多的科技型公司都在采取类似的股权分配方法。

在初创期，公司对于怀揣技术的人员求贤若渴，老总们会通过各种方式招聘技术人员加盟。但出于对公司发展方向的考虑，他们是绝对不愿意出让经营权的，于是就有了这种“只分红不参与经营的干股”。这种股份形式主要用于凝聚团队，只要公司整体向好，员工的积极性是可以被充分调动的。

（2）发展期企业

在发展期，企业有了一定的资金基础，但条件还是不够好，需要进一步激发员工的信心，这个阶段的受激励对象是团队中的核心高管及优秀的商业领袖，比如销售和技术部门的负责人。

创业企业经过一段时间的发展后，初步形成了固定的商业模式，也产生了盈利，这个时候要更上一层楼，需要激励企业内部员工爆发更大的动力来推动企业更快地发展。

企业在发展期采用的股权激励工具类型很多，因为企业已经有了一些影响力及更强的支付能力，对人才的吸引力逐渐加强。然而，企业仍处于成长阶段，内部制度、薪酬福利等方面还需要不断完善，因此股权配置应该更加科学。

企业在发展期采取的股权激励模式包括股权、期权、虚拟股权，小部分企业会采取限制性股权，激励比例也与初创期相差很大。在初创期，企业所体现的外部价值并不高，因此，有必要提供相对大量的股权作为激励。在发展期，内部价值和外部价值逐渐凸显，无论是客户还是员工，对企业有一定了解的人都能看到企业的卓越。因此，在发展期，如果企业薪酬水平达到同行业的中等水平，只需少量的股份就能吸引到优秀人才。

（3）成熟期企业

企业迈入成熟期后，有了稳定的客户群和营业收入，但是市场增长缓慢，竞争日益激烈，生产能力过剩，价格战成为主要的竞争手段，降低成本成为企业的重点工作。在这种情况下，企业实施股权激励首先要达到的目的是稳定企业的现有管理人员和骨干人员，此时实施股权激励还要考虑到不能给企业带来太大的资金成本负担。

为了达到上述目的，企业适合采用认股权、限制性股权及延期支付性质的股权激励。这几种模式都有利于企业延期支付奖励性质的薪酬，使股权激励计划发挥“金手铐”式的留住人才的作用。

（4）衰退期企业

企业已经成功发行股票，这个阶段的企业如果没有新的动力，就会逐渐衰退。如果企业下定决心改革，融入新鲜血液，那衰退期就会变成企业的重建时期，是下一个循环的开始。

在衰退期，大部分企业都是按照贡献进行分配。出于上市的原因，企业的绩效面临更大的压力。股权激励制度最好采用期权激励制度，受激励对象可以是部门的高级主管，也可以是表现突出的普通员工。

※确定激励额度的关键因素

确定股权激励额度的关键因素见图 3–2。

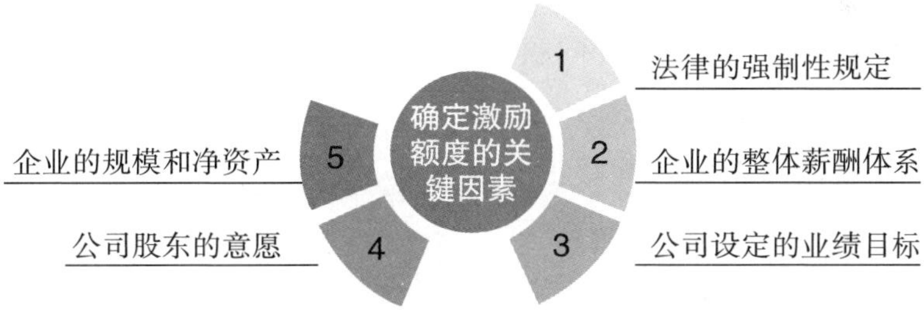

图3–2　确定激励额度的关键因素

（1）法律的强制性规定

确定股权激励的总量时不可违背法律的强制性规定。上市公司授予激励对象的股权激励股份的总额度没有下限，但最多不得超过公司总股本的 10%。法律对非上市公司股权激励的总额度没有强制性规定，所以非上市公司可以结合自身情况酌情处理。

（2）企业的整体薪酬体系

股票期权收益是激励对象整体薪酬中的一部分，因此，我们应该结合公司现有的薪资福利水平来考虑股权激励额度。一般情况下，处于成熟阶段的大公司有较好的工资、奖金、福利待遇，可以把股权激励数量定得小一点；处于初创期或快速成长期的小公司的工资、资金、福利待遇较差，公司发展前途难料，需要授予较多的激励总额。

（3）公司设定的业绩目标

确定股权激励总额度时，还需要考虑公司所设定业绩目标的难易程度。如果业绩目标较高，达成目标的难度较大，需要激励对象付出很多努力，那么股权激励总额度应加大；如果业绩目标达成难度较小，激励对象不需要付出太多的努力，那么股权激励总额度可以适当减少。

（4）公司股东的意愿

股权激励涉及公司现有股东股权的稀释和权力让渡，因此，激励总额度的大小和股东意愿有很大关系。一般来说，具有分享精神和长远眼光的股东，让渡股权的意愿更大，激励总额度也会大一些。当然，企业还要考虑股东控制权及留存股票的最高额度（现有股东所能忍受的股权稀释的最大程度）等问题。

（5）企业的规模和净资产

在股权比例相同的前提下，规模大、净资产多的企业比规模小、净资产少的企业收益更高。公司应该根据自身的规模和净资产状况来确定合理的激励总额。

※华为股票激励模式变迁

华为股票激励模式变迁过程见图 3-3。

（1）股票激励

1990 年，初创期的华为面临着扩大再生产和提高研发能力的双重需

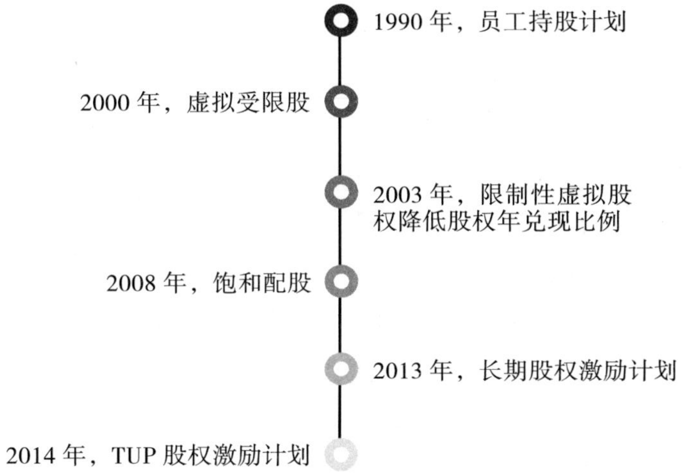

图3–3　华为股票激励模式变迁

求。而无论是迅速占有更多的市场份额还是通过增加研发投入提高自主知识产权能力都需要大笔资金，起步的华为也有融资难的问题摆在面前。

当时参股的价格为每股 10 元，以税后利润的 15% 作为股权分红。那时，华为员工的薪酬由工资、奖金和股票分红组成，这三部分数量几乎相当。其中股票在员工进入公司一年以后，依据员工的职位、季度绩效、任职资格状况等因素进行派发，一般员工用年度奖金购买。如果新员工的年度奖金不够派发的股票额，公司帮助员工获得银行贷款购买股权。

华为采取这种方式融资，一方面降低了公司现金流风险；另一方面增强了员工的归属感，稳住了创业团队。

（2）虚拟受限股

2000 年，由于网络泡沫危机，华为在接受大量关于服务器、路由器等系统巨额订单的同时，还面临着老员工懈怠、核心员工出走的问题。

为了解决资金和激励问题，华为再次进行调整，实施虚拟受限股激励，主要强调股票的增值与分红，激励对象不再享有表决权，同时强调员工离职将丧失激励福利。该类期权的行权期限以四年为周期，每年 1/4，而且从初创期的全员激励走到了核心技术员工及管理层的重点激励方向上。

（3）进一步调整后的限制性虚拟股

2003 年，尚未挺过泡沫经济的华为又遭受 SARS 的重创，出口市场受到影响，同时和思科之间的产权官司直接影响了华为的全球市场。华为内部以运动的形式号召公司中层以上员工自愿提交“降薪申请”，同时进一步实施管理层收购，稳住员工队伍，共同渡过难关。

为了进一步强化股权激励的效果，吸引和留住核心人才，此次调整后的股权激励计划明确了配股锁定期，即员工三年内不得兑现，一旦离开其期权即作废。同时兑现比例下降到 10%。该计划的实施基本扭转了当时华为的困境。

（4）饱和配股

2008 年，美国次贷危机引发的全球经济危机对世界经济发展造成重大损害。面对本次经济危机的冲击和经济形势的恶化，华为又推出新一轮的股权激励措施。2008 年 12 月，华为推出“配股”公告，此次配股的股票价格为每股 4.04 元，年利率逾 6%，涉及范围几乎包括了所有在华为工作一年以上的员工。

当然，对于该计划的实施，有些老员工由于基本已经达到持股上限，没有参加配股。但是，此次股权激励的年利率是 6%，明显高于同期银行存款利率，保证了老员工继续持有公司股权，基本实现了企业的稳定。

（5）TUP 股权激励计划

2014 年，华为的虚拟股信贷计划被主管机构暂停，面对老员工工作积极性降低问题，更重要的是为了通过长期激励计划招募更多的西方高管进行海外扩张，华为推出了 TUP（Time Unit Plan）股权激励计划，即每年根据不同员工的岗位及级别、绩效，配送一定比例的期权。这种期权不需要员工花钱购买，周期一般是五年。购买当年没有分红，前三年每年分红 1/3，第四年获得全部分红，最后一年获得股票增值结算，然后股票数额清零。

该计划不仅缓解了员工购买股票的现金压力，而且通过期权方式激发了员工的工作积极性。

华为公司的股权激励模式变迁历程说明，股权激励可以将员工的人力资本与企业未来的发展紧密联系起来，形成一个良性的循环体。员工获得股权，参与公司分红，实现公司发展和员工个人财富的增值；与股权激励同步进行的内部融资，可以增加公司的资本比例，缓解公司现金流紧张的局面。

3.2 选错工具：沦为错误的“金手铐”

股权激励的本意是让员工获得公司的股份，使其成为公司的小股东。员工不再把自己当成“打工仔”，而是以主人翁意识推动公司的发展，让手中持有的股份不断升值。股权激励把管理者的“让员工干”变成“员工自己要干”。但是如果选错工具，就会沦为错误的“金手铐”。

比如，有的企业管理者为了留住核心人才，让员工花很多钱来买股权，以为这样人才就不会轻易走了，即使走了，企业也不会在股权上吃大亏。实际上，这样的机制却可能给激励对象造成这样一种错觉：这不是激励，不是让我获得更多的利益，而是让我不能随便“逃跑”，是为了给我戴上一个“手铐”。这样做反而会使员工产生抵触心理。

设置合理到位的股权激励考核标准

董总、王总、李总是一家高科技公司的高管，分管市场销售、商务推广以及技术研发，在公司里算是老员工了，也为公司立下了汗马功劳。

公司创始人张总打算对三位高管实行股权激励，以促进公司的发展。由于张总不是特别懂这方面的东西，就委托第三方服务机构跟三位老总做了一次沟通，大家协商一致确定选择限制性股权的模式来实施本次股权激励。

对于限制性股权，创始人张总定下来三条线：一条是时间线；一条是考核线；一条是解锁额度线。

如果三位高管在接下来的四年（时间线）依旧留在公司工作，并且考核指标都能通过（考核线），每年就可以解锁25%额度（解锁额度线）的限制性股权，直到全部限制性股权解锁。

但是，如果时间线和考核线中有任何一条线没有达标，则需要将限制性股权回转，也就是把到手的股权退回去。

三位高管中，由于董总分管整个公司产品的市场销售，其考核指标自然与销售业绩挂钩。董总立下了军令状，并且和股权激励捆绑，因此有了很大的压力，如果团队业绩完成不了，限制性股权就没有办法解锁。因此，股权激励实施后公司的销售团队非常积极，业务也一度蒸蒸日上。

但是没过多久，张总就发现了一些问题，由于当初只设定了单一的考核指标，销售业绩确实提高了，但是回款率放慢了，账期延长了，各项成本和费用也增加了，实际上公司的净利润没有增长多少，这与当初设置考核的初衷并不完全统一。

※常见的股权激励工具

（1）股票期权：为股东创造长期价值

股票期权模式是国际上使用最广泛的股权激励模式，它需要经过公司股东大会同意，将一部分已发行但未公开上市的普通股股票作为报酬中的一部分，以事先确定的价格有条件地无偿授予或赠予公司核心高管和技术骨干，股票期权的拥有者可在一定时期内做出行权、兑现等选择。股票期权的激励方式如表3-2所示。

只有公众上市公司，才能设计和实施股票期权模式，且要有合理合法的股票期权来源。香港上市的联想集团和方正科技等企业，采取的就是股票期权激励模式。

表 3–2　股票期权的激励方式

优点	①高度绑定激励对象 ②锁定激励对象风险 ③只要激励对象不行权，就不会有任何损失 ④有利于公司降低激励成本 ⑤激励力度较大
缺点	①太依赖股票市场的有效性 ②激励对象可能会有不考虑长远利益的短期行为 ③会拉大激励对象与其他员工的收入差距
适用范围	①市场有效性较好的公司 ②人力资本依附性较强、处于创业期和快速成长期的新三板公司
短期激励效益	★
长期激励效益	★★★★★
市场风险影响	★★★★★

（2）期股：只需要支付部分首付的激励工具

期股是企业出资者向经营者提供激励的一种制度，它实行的前提条件是经营者必须购买本企业的相应股份。在实际执行过程中，企业贷款给经营者作为其股份投入，经营者需偿还期股。

因此，经营者并不拥有期股的所有权，只有还清期股的贷款才能实际拥有股权；期股的表决权与分红权归经营者所有，但是分得的红利不能拿走，需用来偿还期股。

期股的激励方式如表 3–3 所示。

表 3–3　期股的激励方式

优点	①需要有偿购买，提高了对激励对象的约束力 ②具备股票期权的所有优点
缺点	需要出资购买，行权有强制性，导致激励对象的风险增加
适用范围	人力资本依附性较强、处于创业期和快速成长期的新三板公司
短期激励效益	★
长期激励效益	★★★★★
市场风险影响	★

（3）限制性股票：具有禁售期和解锁期的股票

限制性股票因其对激励对象有一定的限制性而得名，这种股权激励模式在获取条件和出售条件上都有限制。上市公司按照约定的条件授予激励对象一定数量的本公司股票，激励对象只有在工作年限或业绩达到股权激励计划规定的条件下，才能通过出售限制性股票获取收益。限制性股票的激励方式如表 3–4 所示。

表 3–4　限制性股票的激励方式

优点	①低价获得，甚至有可能是免费获得 ②激励力度大 ③约束力较强
缺点	①会促使激励对象放弃对高风险、高回报项目的投资 ②业绩目标和股价的科学确定困难
适用范围	①以关键人才为激励对象和实施金色降落伞计划的上市公司 ②以关键人才为激励对象和实施金色降落伞计划的新三板公司
短期激励效益	★★
长期激励效益	★★★★★
市场风险影响	★★★

（4）虚拟股票：所有权和收益权分离

虚拟股票模式是指公司授予激励对象一种“虚拟”的股票，激励对象可以据此享受一定的分红权和股价升值收益。如果实现公司的业绩目标，被授予者可以据此享受一定数量的分红，但没有所有权和表决权，不能转让和出售，在离开公司时自动失效。虚拟股票激励模式的特点如下：

①形式上的虚拟化。

虚拟股票不同于一般意义上的企业股权，是一种虚拟化的股份。

②股东权益的不完整性。

获得虚拟股票的激励对象只能享受分红收益权，而不能享受完整的普通股股东权益，如表决权、分配权等。

③无偿性。

与购买实有股权或股票不同，虚拟股票由公司以无偿赠送或奖励的方式发放给特定员工，无须员工出资。

虚拟股票的激励方式如表 3–5 所示。

表 3–5　虚拟股票的激励方式

优点	①不影响企业的所有权分布和控制权安排 ②只需股东大会通过即可，不需要证监会批准 ③激励性和约束性都强于干股 ④激励对象的选择范围更广
缺点	①激励对象只想着多多分红，过分关注公司的短期利益，而不考虑长远利益 ②公司的现金支付压力较大
适用范围	①现金流比较充裕的上市公司 ②现金流比较充裕的新三板公司
短期激励效益	★★★★★
长期激励效益	★★★
市场风险影响	★★

（5）业绩股票：业绩指标决定收益水平

业绩股票是股权激励的一种模式，指企业在年初制定一个合理的业绩目标，假如激励对象在年末前达到预期的目标，则公司奖励其一定数量的股票或给予一定的奖励基金购买公司股票。

激励对象在若干年内通过业绩考核后可以兑现规定比例的业绩股票，若是未能通过业绩考核，或者激励对象做出有损公司的行为、非正常离任等，其未兑现的业绩股票将被取消。

业绩股票的激励方式如表 3–6 所示。

表 3–6　业绩股票的激励方式

优点	①能促使激励对象努力完成业绩指标，实现股东与激励对象的双赢 ②避开了市场有效性的影响
缺点	①制定的业绩指标可能存在漏洞，导致激励对象弄虚作假 ②对上市公司来说，激励成本较高，有现金支出的压力
适用范围	①业绩稳定的、处于成长期后期和成熟期的上市公司 ②业绩稳定的、处于成长期后期和成熟期的新三板公司
短期激励效益	★★★★★
长期激励效益	★★★★
市场风险影响	★★★

（6）员工持股计划：最令普通员工期待的福利

员工持股计划又称员工持股制度，是指通过给员工配发公司股票和期权而使其享有相应的管理权，成为公司的股东，获得长期激励的一种绩效奖励制度。在实践中，员工持股计划往往是由企业内部员工出资认购公司的部分股权，并委托员工持股会管理运作，员工持股会代表持股员工进入董事会参与表决和分红。员工持股的激励方式如表 3–7 所示。

表 3–7 员工持股的激励方式

优点	①有利于增强企业的凝聚力 ②是国有法人股减持的有效通道 ③可用于抵御恶意收购 ④具有普通福利的功效
缺点	①股权过于分散 ②激励力度不足
适用范围	①国有企业进行“国进民退”改制的时期 ②解决对高层管理者施行股权激励带来的高层管理人员与员工收入差距过大的弊端
短期激励效益	★★★
长期激励效益	★★★
市场风险影响	★★★

（7）干股：只能分红，不可转让

股权激励的产生是为了解决企业所有权和经营权分离带来的矛盾冲突。很多企业所有者怕失去对公司的控制权，舍不得给提升公司业绩和品牌影响力的功臣股份，但是这样一来，容易挫伤经营管理者和骨干员工的积极性，于是股权激励制度中出现了“干股”这种特殊的激励模式。干股的激励方式如表 3–8 所示。

表 3–8 干股的激励方式

优点	简单直观，操作方便
缺点	①业绩股票的科学确定不易做到，给公司带来的现金流压力较大 ②不是真正的股份，激励和约束效果不如业绩股票
适用范围	①业绩稳定且现金流状况较好的上市公司 ②业绩稳定且现金流状况较好的新三板公司
短期激励效益	★★★★★
长期激励效益	★
市场风险影响	★

在一些创业公司里曾出现这样的现象：有的员工自认为干得不错，但是得到的股份太少，没有竞争对手给的多，于是就选择辞职。因此，股权激励最好给员工留有想象空间，没有想象空间的股权激励反而会适得其反。不到位的股权激励，等于没有激励。

同时需要注意的是，所有的“金手铐”都是有期限的，过了一定阶段就会失去作用，所以还是需要在不同阶段使用不同的激励方案。

※万科股权激励

（1）万科第一次股权激励

2006 年 5 月，万科开始实施第一次股权激励，具体实施方案如表 3–9 所示。

表 3–9　万科第一次股权激励实施的主要内容

激励对象	受薪董事、监事会成员、高级管理人员、中层管理人员、业务骨干与有卓越贡献人员
激励方式	委托深圳国际信托投资有限公司在二级市场买入万科 A 股，过户给达成要求的被激励人员
资金来源	无须本人出资，由万科公司专门设立的激励基金出资。激励基金的提取则与公司净利润增长率（提取比例）和净利润增加额（基数）挂钩
行权要求	需要同时满足以下条件：年净利润增长率超过 15%；全面摊薄的年净资产收益率超过 12%；当年每股收益增长率超过 10%；T+2 年股价高于 T+1 年、T 年股价

万科 2006 年激励方案的业绩考核指标达到了相关标准，实施了股权激励。2007 年因为中国股市崩盘，行权条件之一的股权价格并未达标。2008 年受全球市场动荡和萧条、国家货币政策从紧、房产交易额大幅下降的影响，行权条件之一的业绩指标并未达标。

本次股权激励失败的主要原因是行权条件的设定。股价作为董事、监事、高级管理人员无法完全掌控的指标，很容易受市场的影响。董事、监事、高级管理人员在做出很多努力后，却因为不可控的因素没有得到相应的回报，会影响股权激励的效果。

（2）万科第二次股权激励

2010 年，为了增强投资者对公司前景的信心，对股价产生正面影响，万科再度启动股权激励计划，具体实施方案如表 3-10 所示。

表 3-10　万科第二次股权激励实施的主要内容

激励对象	受薪董事、高级管理人员、核心业务人员，激励对象人数占万科当时在册员工总数的 3.94%
激励方式	期权股票。业绩达到相关考核标准的激励对象可以行权价格 8.89 元购买公司 A 股股票
资金来源	需本人出资
行权要求	2011—2013 年全面摊薄净资产收益率分别达到 14%、14.5%、15%

相较于第一次股权激励，虽然第二次股权激励行权的指标更加合理且均行权成功，却引发了万科高管的辞职潮。从第二次股权激励开始到 2014 年 7 月，共计 4 位执行副总裁（官网显示执行副总裁共有 8 位）和 3 位副总裁（官网显示副总裁共有 7 位）离职，累计离职的人数占激励对象的 36%。

股权激励效果不佳的原因之一是行权价格高。限于当时的证券市场政策要求，行权价格定为 8.89 元，但是，在行权的时间内，股票价格并未真实地反映万科股权的价值，受激励对象按照行权价格购买股票，并没有受益空间，甚至市场价格长期低于行权价格，即高管需要用高于市场的价格购买股票。

这一方面导致大量的高管认为股权激励缺乏吸引力，另一方面对于核心团队成员而言，行权费用支出过高。万科核心团队的 11 位执行副总裁，每人获得的期权数为 200 万 ~220 万股；执行副总裁平均税前年薪 600 万元，而行权需要资金 1778 万 ~1956 万元，副总裁需要至少 3 年才能行权。

万科第一次股权激励因为行权条件的问题没有继续推行下去，第二次股权激励反而引发大量核心高管出走。两次股权激励都没有达到激发经营管理团队的主人翁意识、工作热情和创造力的效果，没有解决职业经理人可以共创共享但无法共担等经营管理问题，也没有达到更好地管理市值、防止恶意收购的目的。

股权激励是一个系统工程，既要考虑股权激励的模式、启动的时间和条件等因素，还要考虑股权激励的具体条款、指标等设置的合理性。

第一，既要充分考虑公司类型、公司发展阶段、公司未来发展安排等因素，也要充分了解不同股权激励模式的优劣。

第二，股权激励方案的设定要合理确定股权激励的目的、对象、模式、形式、数量、价格、时间、资金来源、授予与行权条件、退出机制等要素，并在公司层面匹配相应的管理机构和公平公正的考核机制。

3.3
全员激励：毫无意义的“一刀切”

早期老板打下江山后，对员工有一种“与民同乐、雨露均沾”的博爱情怀，在企业内部实行全员持股。我接触过一个项目，项目公司曾经实施全员激励，只要是正式员工都有资格持股，按在公司的服务年限进行配股，连打扫卫生的阿姨也不漏掉，而且全部免费赠送。结果企业发生危机，员工纷纷要求公司回购股份，造成很坏的影响。

人人都有股权等于人人得不到激励

A公司是一家手机APP定制公司，员工包括技术人员、销售代表和行政管理人员等。

该公司员工的收入中，提成和奖金占了相当大的比例。公司在两年前实施了员工持股计划，所有员工都成了持股人。A公司的指导理念是员工的所得应当和其产值成正比。

因此，员工的收入是基于其创造的价值。在这样的理念指导下，所有的员工都有相当的决策权。

不过虽然员工有决策权，但他们在进行决策和采取行动前，还是会等管理层的指示和批准。

更让人意想不到的是，在股权激励方案实施两年后，A公司的大部分核心管理者都另谋出路了。

A公司试图通过薪酬系统（基本工资、奖金和提成）和股权激励方式调动员工的积极性，使员工的个人目标和公司目标一致，这是没有问题的，但为什么实际效果不尽如人意呢？

究其原因是覆盖的范围太广，人人都有股权，实际上等于人人得不到激励。俗话说，幸福是比较出来的，创造幸福的动力，来自未来与他人的差异化预期，也就是我努力过后比别人过得更好。激励更是如此，激励产生的前提是员工所创造的价值得到了差异化对待，如果员工奋斗之后得到的是与别人一样的待遇，他哪有持续动力呢？

股权是企业的一种稀缺资源，自然应该给对企业发展起着关键或重要作用的员工。物以稀为贵，人以少为尊，本来很珍贵的股权，当全员都有之后反而显示不出它的珍贵性。

股权对员工是否有激励作用还取决于员工对股权的认知程度，中基层员工并非都懂得公司股权的价值，他们可能对短期的奖金收入更感兴趣。

要认知公司未来股权价值，必须具备一定的行业背景知识、市场经验，了解公司的核心价值。在公司的激励体系建设中，用奖金激励能起作用的就没必要用股权激励。股权激励一般针对的是高层管理人员、核心业务和技术人才、代替性较弱的专有人才，是人才和企业双方相互需要的结合，一厢情愿的付出很难长久。

※激励对象的选择范围

股权激励对象的选择既要符合企业运营管理规律，又要遵守国家的法律法规。从原则上来说，任何对公司发展起关键作用的人都是潜在的股权激励对象。

《上市公司股权激励管理办法》第八条规定：“激励对象可以包括上市公司的董事、高级管理人员、核心技术人员或者核心业务人员，以及公司认为应当激励的对公司经营业绩和未来发展有直接影响的其他员工。在境内工作的外籍员工任职上市公司董事、高级管理人员、核心技术人员或者核心业务人员的，可以成为股权激励对象。”

非上市公司在法律法规上的限制较小，但激励对象的选择范围大同小异。

需要注意的是，根据《上市公司股权激励管理办法》第八条的规定，以下人员不能成为上市公司的股权激励对象：

独立董事和监事。

单独或合计持有上市公司 5% 以上股份的股东或实际控制人及其配偶、父母、子女，不得成为激励对象。

最近 12 个月内被证券交易所认定为不适当人选。

最近 12 个月内被中国证监会及其派出机构认定为不适当人选。

最近 12 个月内因重大违法违规行为被中国证监会及其派出机构行政处罚或者采取市场进入措施的人。

…………

此外，《股权激励有关事项备忘录 1 号》规定：

持股 5% 以上的主要股东或实际控制人原则上不得成为激励对象。除非股东经股东大会表决通过，且股东大会对该事项进行投票表决时，关联股东须回避表决。

持股 5% 以上的主要股东或实际控制人的配偶及直系近亲属若符合成为激励对象的条件，可以成为激励对象，但其所获权益应关注是否与其所任职务匹配。同时股东大会对该事项进行投票表决时，关联股东须回避表决。

某公司股权激励对象的范围

为了调动员工的积极性，吸引留住核心人才，提高公司的销售收入和经营利润，从财务数据上达到上市公司条件，某公司出台了股权激励计划。

公司设计了三级销售平台：集团公司、生产子公司和销售子公司。集团公司职能部门激励对象在集团公司进行股权激励；生产子公司激励对象在生产子公司进行股权激励；销售子公司激励对象在销售子公司进行股权激励。

（1）集团公司激励对象：总裁、副总裁；总监、核心部门经理、优秀员工。

其中，享受股权激励的优秀员工应具备以下条件：

所有的激励对象必须在公司工作满 4 年并符合下列任意一项或多项条件：①每年年度绩效考核成绩为优秀。②对公司有特殊贡献（由公司上报，董事会评定）。③掌握特殊技能，市场稀缺，难培养，招聘难度大（由公司上报，董事会评定）。

（2）销售子公司激励对象：销售总监、销售大区经理、销售骨干工程师。

其中，销售骨干工程师的衡量条件如下：①在公司工作满 4 年，在营销体系工作满 2 年。②年度销售收入在 1000 万元以上，且年度回款额在 800 万元以上的销售工程师。

（3）生产子公司激励对象：生产总监、生产销售中心层经理、研发骨干工程师（由公司上报，董事会评定）。

※核心人才要求

股权激励对象应该是对企业具有战略价值的核心人才，核心人才是指拥有关键技术、控制关键资源、掌握核心业务、支持企业核心能力的员工，他们能够帮助企业实现战略目标，保持和提升企业的竞争优势。

核心人才一般包括高管层、技术类人员和营销类人员，如表 3-11 所示。

表 3-11　核心人才的范围

范围	具体要求
高管层	公司核心经营管理团队，包括董事长、总经理等 未来可能设置的高管，如董秘、副总等
技术类人员	工作内容与技术研究相关的员工，比如研发总监、高级工程师、技术负责人
营销类人员	工作内容与营销相关的员工，比如市场总监、核心项目经理人

我们可以利用人才评价模型，从岗位价值、素质能力、历史贡献三个方面来测评激励对象，看其是否符合人才的标准，如表 3-12 所示。

表 3-12　核心人才评估表

维度	序号	因素名称	因素权重（%）	因素含义
岗位价值	1	战略影响	10	岗位所能影响到的战略层面和程度
	2	管理责任	10	岗位在管理和监督方面承担的责任大小
	3	工作负责性	10	岗位工作中所面临问题的复杂性
	4	工作创造性	10	岗位在解决问题时所需要的创造能力
素质能力	5	专业知识能力	15	员工所具有的专业知识能力的广度和深度
	6	领导管理能力	15	员工所具有的领导管理能力水平
	7	沟通影响能力	10	员工所具有的沟通及影响他人的能力水平
历史贡献	8	销售业绩贡献	7	员工以往对公司销售业绩的贡献大小
	9	技术进步贡献	7	员工以往对公司技术进步的贡献大小
	10	管理改进贡献	6	员工以往对公司管理改进的贡献大小

※哪些员工不需要动用股权激励

在对员工进行奖励时，有以下四类员工不需要动用股权激励：

• 年轻人：年轻人的内在需求还没有达到这个境界，没有团队发展的思维，更偏向追求短期回报，特别是 20~30 岁的年轻人。

• 奋斗者：这类型的人害怕失败，不敢承担经营风险，不过愿意拼命干，是非常好的追随者。

• 价值低的人：股权激励是最顶层的激励设计，只面对高价值的人才，否则，激励成本高，激励过多，反而制约企业的发展。

• 不值得信赖的人：股权激励相当于合法婚姻，受到法律约束，退出很难，所以在进入时必须保证谨慎，严格把关。宁愿增大股份与合伙人激励模式，也不要让不值得信赖的人随便成为公司的股东。

3.4

公正性缺失：引发新的内部矛盾

很多老板在做股权激励时，主权意识比较强，觉得“公司股权是我的，我想激励谁就激励谁”，“凭什么我不能按自己意志分配属于自己的股权”。的确，老板有处置自己私有财产的权力，但是，一旦这种处置是一种公开的分配，那就是公事，就得考虑其他人的感受。老板全凭个人主观意愿去确定激励对象，对分到股权的员工当然有激励性，但没分到的员工若得不到一个心服口服的说法，很容易产生不公平感。

股权激励制度的不公平性是导致员工出走的主要原因之一。企业内不同部门的员工之间会进行比较：为什么分配给某个部门的股份多？为什么给某个部门的某个员工的股份比其他员工多？

因此，定人的正确方式不在于激励某些特定的员工，而是设定一种定人的标准。达到标准的员工可以获得激励，暂时达不到标准的员工可以有个奋斗目标，争取下次达到标准。

※激励对象不仅仅是管理层

股权激励的重点是管理层，但有的企业错误地理解为是倾向于管理层，因此尽管制定了同一套绩效考核标准，但在实际的考核过程中使用的是不同的标准。这种做法就属于典型的“一碗水端不平”，最终只会导致企业失去公信力。为保证股权激励计划的公平性，企业可以从以下几个方面入手：

第一，股权激励计划是面向全企业员工而推出的激励工具。

激励计划旨在激励员工奋发工作，提升企业的生产力，所以企业的一套股权激励方案应适于所有的员工，任何人都不得享受“特权”。

第二，股权激励计划的设计者和执行者不能是同一个人。

这样做既能避免股权激励的设计者为了一己私利而不顾企业的利益，又能保证股权激励计划的执行者在考核员工绩效的过程中始终秉持公平和公正的原则。

第三，股权激励计划的实施不能“走过场”，一定要落到实处。

设计股权激励计划之前应召开董事会和股东大会，确定股权来源、数量及激励工具；企业内部召开员工大会，根据每位员工的综合表现选择最佳的激励对象，并明确地告知激励对象关于股权激励的相关事宜。

※没有约束机制：容易催生懒人

有一个小和尚在一所寺院担任撞钟一职，半年下来，他觉得无聊至极，只是“做一天和尚撞一天钟”。有一天，住持调他到后院劈柴、挑水，原因是他不能胜任撞钟一职。小和尚很不服气地问：“我撞的钟难道不准时、不响亮？”老住持耐心地告诉他：“你撞的钟虽然很准时，也很响亮，但钟声空泛、疲软，没有感召力。钟声是要唤醒沉迷的众生，因此，撞出的钟声不仅要洪亮，而且要圆润、浑厚、深沉悠远。”

其实，仔细分析这个故事，小和尚并没有犯错，错的是住持，他犯了一个常识性管理错误，“做一天和尚撞一天钟”是住持没有提前公布工作标准造成的。如果小和尚在进入寺院的当天就明白撞钟的标准和重要性，也不会因为怠工而被撤职。

工作标准是员工的行为指南和考核依据。缺乏工作标准，往往会导致员工的努力方向与公司整体发展方向不统一，造成大量的人力和物力的浪费。因为缺乏参照物，时间久了员工容易形成自满情绪，工作懈怠。制定工作标准要尽量做到数字化，与考核联系起来，注意可操作性。

部分创业公司本想为老员工提供更好的保障，让他们对公司更加忠诚，但在实施丰厚的股权激励时没有建立配套的约束机制，于是，一些激励对象安于现状，只是坐享分红，而不再积极进取。如此一来，股权激励手段沦为“懒人”的保护伞，完全违背了公司的初衷。随着“懒人”的增加，公司上下都会变得毫无干劲，从而导致业绩滑坡。

实施股权激励需要配备完善的考核制度

2009年初，浙江某化工有限公司实施了股权激励。

该企业主营业务是高档纺织印染剂研发、生产和销售，彼时正处于高速增长期，开始有风投接洽，上市也被提上日程，但是公司由于成立时间不长，发展过快，还没有制定出完善的制度体系和绩效考核体系，公司管理比较混乱，老板凭自己的精力已经远不能顾及公司的方方面面。

为了规范公司管理，老板决定实施股权激励。其初衷是激励员工更加勤勉地工作。但事与愿违，经过半年的实践，该企业不但没有达到预期的目的，反而使工资支出迅速增加，企业利润急剧下降。

我们一再强调，企业实施股权激励是有先决条件的，它需要一套严格的公司管理制度和绩效考核体系做支撑。

无数案例告诉我们，只有组织成员的权利和义务对等才能让企业利润持续稳定增长，股权激励亦是如此。激励对象通过股权激励获得的收益越高，其积极性也就越高，但如果缺乏有效的监督，员工可能为了完成考核目标而弄虚作假，甚至不惜牺牲顾客及企业整体利益，从而给企业带来不可挽回的重大损失。

华为发展史上有两次“血洗”事件，一次是1996年，市场部领导干部大辞职，重新竞争上岗；另一次是 2008 年，5100 多名老员工“自愿辞职”，华为也“自愿”为此掏出 10 亿元补偿金。任正非认为苦劳 = 无效的劳动，他想通过“血洗”淘汰以下 4 种人：①躺在功劳簿上睡大觉、不思进取的人。②工作中没有使出全力的人。③混日子的人。④价值观与公司不符的人。

2013 年 1 月，华为第一次发布了《华为公司关于改进工作作风的八条规定》，并多次发文重申强调。

①我决不搞迎来送往，不给上级送礼，不当面赞扬上级，把精力放在为客户服务上。

②我决不动用公司资源，也不占用工作时间为上级或其家属办私事。如遇非办不可的特殊情况，应申报并由受益人支付相关费用。

③我决不说假话，不捂盖子，不评价不了解的情况，不传播不实之词，有意见直接与当事人沟通或报告上级，不能侵犯他人隐私。

④我们认真阅读文件、理解指令。主管的责任是胜利，不是简单的服从。主管尽职尽责的标准是通过激发部属的积极性、主动性、创造性去获取胜利。

⑤我们反对官僚主义，反对不作为，反对发牢骚讲怪话。对矛盾不回避，对困难不躲闪，积极探索，努力作为，勇于担当。

⑥我们反对文山会海，反对繁文缛节。学会复杂问题简单化，600 字以内说清一个重大问题。

⑦我决不偷窃，决不私费公报，决不贪污受贿，决不造假，我们也决不允许我们当中任何人这样做，要爱护自身人格。

⑧我们决不允许跟人、站队的不良行为在华为形成风气。个人应通过努力工作、创造价值去争取机会。

所以，企业在进行股权激励时，在确保激励对象被利益激励的同时，也要使其承担相应的责任，用完善的监督机制规范其行为。

3.5
“新老划段”走极端：不恋过往或只恋过往

很多传统企业是靠一帮创业团队打拼出来的，当公司发展到一定程度时，就会面临转型升级的问题，企业员工一般会形成两个阵营：一边是有历史贡献的老功臣，行事稳重、保守；另一边是有高学历、有现代管理思维的职业经理人团队，年轻有活力，有创新精神和创造激情，但还没有创造性的价值贡献。这种公司在做股权激励时，容易出现两个极端，有的企业立足于过去的价值贡献，只有老员工有持股资格，新员工都没有资格；有的企业立足于未来的发展，只考虑对未来发展有价值的员工，对于其他曾经做出贡献的老员工则完全不考虑。

不要把股权激励做成股权奖励，也就是说，仅仅根据员工的既往贡献来决定持股资格和持股额度的，是股权奖励。股权激励是为企业发展服务的，需要根据员工对企业未来发展的价值来决定持股资格和持股额度。

既然股权激励是一项激励制度，就不可忽视论功行赏。论功行赏通过强调利益是贡献的产物，反过来促进贡献的产生，以此产生激励作用。如果企业在实行股权激励时完全不考虑员工的既往贡献，其公平性就遭到了破坏，谁还愿意努力为企业做贡献呢？

是否需要对曾经为公司打江山立下汗马功劳，现在跟不上公司的发展、马上就要退下来的老同事进行股权激励呢？许多企业老板基于感情因素，会给他们股权。那么，撇开情感因素呢？当然还是需要的。这种股权激励不是为了留住他们，而是为了使他们心甘情愿地退下来，让他们通过“金色降落伞”安全着陆。这样做既安抚了老同事，又为仍然在努力奋斗的人树立了榜样。

既往贡献是股权激励必须考虑的因素之一，但股权激励更需要考虑企业的发展。股权是企业最有价值的资产，不应该仅仅被用来论功行赏。如果只是为了论功行赏，那么一次性奖金可能会更加合适。

任正非说过，“不尊重英雄，就不会英雄辈出”。没有前人种树，哪有后人乘凉？不考虑历史贡献者的激励是公司的态度有问题，毕竟现在谁都可能成为未来的历史贡献者，但激励的立足点必须着眼于未来，倾向未来创造价值的奋斗者，更多考虑对公司未来较为重要的人员。下面我们看一下柳传志的做法。

联想新老兼顾的股权激励制度

柳传志按照考虑过去、基于现在、面向未来的原则，把激励对象分为三部分：

（1）考虑过去。

第一部分是 1984 年和联想一起创业的元老，共 15 人。联想拿出股权激励总额 35% 中的 35%，激励这些元老。同时，“股权换兵权”，让创业元老“和平退居二线”，把杨元庆等年轻人提拔起来。

（2）基于现在。

第二部分是当下正在创造业绩的核心骨干，主要是 1988 年 6 月 1 日以前的老员工，约 160 人。联想拿出激励总额 35% 中的 20%，激励他们创造出更好的业绩。

（3）面向未来。

第三部分留给未来的新加盟或新提拔的重要（核心）员工，这部分员工占比最高，占激励总额 35% 中的 45%，用来激励未来需要引进的人才或现在的骨干在未来取得更大的成绩。

因此，在设计方案时应进行“新老划段”，对曾经做过贡献的老员工授予少量股权给予适当的肯定，形式上给予充分的尊重。从激励的导向上，应该是创造价值越大的员工，增配股权越多，购买价格越便宜，收益越高。

※创业元老的金色降落伞

公司中的创业元老对于公司的初创期发展做出了突出的贡献，但是随着公司的发展，他们的能力渐渐跟不上了，平时又不愿意提升自己，还经常与公司新引进的人才发生矛盾，即使经过多次沟通调解也得不到改善，基于这种情况，我们可以实行金色降落伞激励法。

具体应该怎么去操作呢？下面给大家讲一个实际案例。

金色降落伞激励法的具体操作方法

某公司的陈副总经理出现了上文的这种情况，最终公司决定对其实行金色降落伞激励法，激励的方案如下：

（1）陈副总经理退出现有的管理岗位后成为公司的顾问。

（2）基于陈副总经理这么多年来对于公司的贡献，公司赠予陈副总经理 2 股的公司分红权利，公司的总股本为 1000 股。

（3）一次性补偿陈副总经理 8 个月的薪酬，共计 48000 元。

（4）与陈副总经理签署竞业禁止协议，协议期限为三年。

关于陈副总经理金色降落伞的约束机制如下：

在任何时间段，若陈副总经理违反竞业禁止协议中的任何条款或有任何损害公司利益及形象的行为，公司除按照禁止协议中的约定追究其相关责任外，同时收回其拥有的在职分红权利。

从这个案例中，我们可以得到哪些启发呢？在企业中，对于下面三种人可以启用金色降落伞计划：一是董事、监事和公司的高级管理人员等；二是签署技术保密协议的公司成果主要执行者；三是董事会任命的对企业有特殊贡献者。这几种人离开公司以后，可以继续享有半薪或分红资格，但不是永远享有，可以设定一个期限，比如离职后的 3 年或是 5 年。

企业要想留住优秀人才，就必须细化约束机制，鞭策元老与时俱进。需要注意的是，这个针对老员工的金色降落伞激励计划，不是针对当前，而是针对未来。

※对未来之星的激励机制

未来之星指的是当下还不是公司的核心骨干，但是后劲十足，具备发展潜能和敢打敢拼精神的员工。他们将在公司发展中发挥重要的作用，所以公司需要做的就是为他们提供晋升的通道，制订相应的激励计划。

对于未来之星，比较好的激励方式就是干股激励，待未来他们在公司发挥顶梁柱作用后，可以考虑将干股转化为公司的实股。

比如销售部门的业务骨干小张工作努力，业绩显著，公司升他为业务部门经理后，对其进行干股激励，具体规定如下：如果 2018 年带领部门人员实现 800 万元的销售额，利润达到 200 万元，小张可以获得利润额的 10% 的分红，具体分红比例如表 3–13 所示。

表 3–13　分红比例

完成利润（n）	小张分红
$n \geqslant 250$ 万元	利润总额的 12%
220 万元 $\leqslant n <$ 250 万元	利润总额的 11%
200 万元 $\leqslant n <$ 220 万元	利润总额的 10%
180 万元 $\leqslant n <$ 200 万元	利润总额的 9%
160 万元 $\leqslant n <$ 180 万元	利润总额的 8%
$n <$ 160 万元	无

在这种激励方式下，小张想要获得更多的回报，就必须努力提升业绩、降低成本，从而提升公司的利润水平。但采用这种激励方式，目标的设定非常重要，必须是在公司和激励对象双方都可以接受的范围内，否则会影响激励效果。

04

股权切割的是与非

合伙人合伙，就像结婚，有结婚，就有可能离婚。出于企业经营的各种原因，原始股东主动退出或是原始股东已经不符合公司的发展要求而退出的情况经常发生。这时，如果没有提前约定好股东的退出机制，就会给企业造成很大的困扰。

4.1
子女股权：家族企业的传承之痛

中国民营企业家的财富积累始于改革开放后中国经济的腾飞，对于如何实现财富传承，中国企业家并没有太多可供参考、借鉴的经验。企业家在处理类似离婚、传承等家庭问题时，主要依赖情感或家长的个人权威，存在太多的偶然性和不可复制性。其实，防患未然，增强法律意识，提前对股权架构进行安排，才是企业家平衡家庭和企业的“维稳”之道。

家族企业股权如何传承

20 世纪 80 年代，李先生开始经商。他转换多个行业、不断摸索后，于 1993 年成立了利达公司，其中公司 88% 的股权登记在他名下，弟弟持有另外 12% 的股权。公司成立后专注于高档五金配件的生产，为很多大型家居、建筑企业提供配件，逐渐占有当地大半市场份额。公司经营期间，李先生和妻子感情破裂离婚；李先生在离婚后不久和杜女士结婚；后来，李先生和孙小姐同居，并先后生下一子一女，目前都未成年。李先生在第一段婚姻生了三个女儿；在第二段婚姻生有一子，目前是公司副总经理。

2019年6月，李先生因为身体原因突然去世，没有留下任何遗嘱。

三个女儿要求继承利达公司的股权并接管公司，杜女士和儿子不同意，就在这个时候，孙小姐也代表两个孩子要求继承公司股权。一时间，李先生的六个子女和杜女士这七个法定继承人陷入“争产大战”。公司人心惶惶，不知道公司将来的大股东、老板到底是谁。

李先生的家事并不是个例，中国人往往忌讳谈论身后事，然而世事无常，意外经常毫无预兆地降临。当身为创始人的大股东不幸离世时，如果没有遗嘱，股权处理起来会非常复杂。

那么，对于这些股权要如何处理呢？本着既能保护逝者家属的经济性权益，又有利于公司持续发展的原则，我们给出两种处理模式，第一种称为“子承父业”，第二种称为“舍生取义”。

所谓“子承父业”，就是法定继承人继承去世股东的股权。这里的“子承父业”之所以加了引号，是因为实际上并非特指去世股东的儿子，而是指优先继承人。例如，一个股东有 1 亿元的股份，按现行法律规定，在他去世后，其妻子首先可拿走 5000 万元，剩下的才由其他人进行分割。

创始股东去世，一般会希望自己最疼爱、最得力的子女接班，继续经营、发展家族企业，但是，由于企业家可能缺乏相应法律法规的基本常识，往往没有事先通过股权生前赠与、遗嘱的方式安排妥当，导致去世后多子女继承、股权分散。如果多个子女感情有嫌隙，尤其是复杂家庭不同配偶生育的子女继承股权，公司很容易陷入治理危机，甚至无法正常经营。

建议企业家防范风险，早做安排，通过遗嘱、赠与、股权信托的方式打破“股权继承大锅饭”，按照自己的心愿和对公司有利的原则确定股权的传承方案，以免将来身后多个子女陷入争夺股权大战，搅得公司没有宁日。

“舍生取义”就是牺牲小我利益，成就大我价值。“舍生取义”有三种方式：股份回流、股权捐赠和股份逐年递减。

第一，股份回流。

企业可以规定，股东逝世当年，企业回购该股东100%的股权，以企业净资产每股收益价回购，折现后付给股东的继承人。企业回购的股份，可以在未来3~5年内用来激励公司的核心高管或对公司有重大贡献的人。

传子还是传贤？王安电脑公司带来的启示

20世纪80年代，王安创立了一家名为“王安电脑”的公司，一度雄踞美国电脑市场，连美国空军都来买他的电脑，成为让IBM头痛的一个强劲对手。这家公司却又如同流星一般，后继乏力，随着王安的离去消失在了历史之中。

1971年，王安的公司与IBM在营业额上的差距高达200多倍，10年之后，凭借“WPS”电脑，这一差距缩小到了20倍之内。

王安的身家也在不断暴涨，王安成为1986年度全球十大富豪之一，与历史悠久的洛克菲勒、杜邦等家族比肩。

同年，王安被查出患上了癌症。

在被查出患有癌症之后，当时已年逾60的王安并无多大恐惧，只是担忧自己要去治病，公司该交给谁。

当时，公司已有超过3万名雇员，是在全球多地都有业务的大型跨国企业，易帅之事需要慎重考虑。外界和公司内部众望所归的人选乃是王安的副手卡宁汉，此人是公司元老，不仅熟悉经营，对于技术也很精通，创新能力颇强，更重要的是能服众，他是公司3万多名员工中唯一能左右王安决策的人。

然而，王安却将位子交给了自己的儿子王烈。

王烈时年36岁，是布朗大学的高才生，自幼便蒙受父训，又经常在假期进入公司实习，在技术方面功底不浅，曾在20世纪70年代乔布斯刚创立苹果电脑时，就预见到个人电脑时代的到来，建议父亲放弃文字电脑，发展这种产品。然而，很多技术型人才可以胜任研发部门主管职位，或者实验室主任职位，却未必适合当帅，何况还是管理一个几万人的大规模企业。

王安把儿子放在了错误的位置上。

技术专家王烈对于企业管理可谓一窍不通，他又严重缺乏为帅者必备的魄力和决断力，优柔寡断。本来对于王安儿子接任总裁职位，公司许多高层就十分不满，认为是王安徇私的表现。按照西方的观点，孩子只要年满 18 岁就需要自立，因此，虽然王烈坐上了总裁的位置却不能服众。这种价值观上的严重冲突导致职业经理人和老板的对立，后来公司高管全部离职。如果当年王安采用股份回流的方式，也许今天公司会超过微软。

很多企业家的孩子并不喜欢接手上一代人经营的事业，在这种情况下把企业股份留给孩子，对孩子来说未必是好事。不如企业回购股权，把股权用在刀刃上，这样的企业定能生生不息，长久发展。

第二，股权捐赠。

企业可以规定，股东一旦离世，可以将其个人股份的 45%~55% 捐给国家或公司，剩余部分可由继承人继承。如果捐给国家，可以用于公益福利事业；如果捐给企业，则用来激励对企业有贡献的人。这是一种境界，也是一种精神。

第三，股份逐年递减。

企业可以规定，股东逝世后，其股份逐年递减。假设该股东有企业 60% 的股份，在企业效力了 20 年的时间，那么他在企业享有的股份就按照 20 年平均递减，每年减 3%，20 年减完。换句话说，股东在公司工作时间越长，他的股份继承人享受股权收益的时间就越长。

在选择舍生取义的股权处理方式时应当明白，无论采用哪种方式，都会在一定程度上丧失股东权利。这种处理方式不是针对股权激励对象，而是面向所有股东的，这对企业家来说是一种挑战。

4.2
合伙人退出：离职不退股惹纠纷

合伙人取得股权，是基于大家长期看好公司发展前景，愿意长期共同参与创业；合伙人早期拼凑的少量资金，并不是合伙人所持大量股权的真实价格。

股权的核心价值在于，所有合伙人与公司长期绑定，通过长期服务公司去赚取股权。如果不设定退出机制，允许中途退出的合伙人带走股权，看似是对退出合伙人的公平，实际却是对其他长期参与创业的合伙人最大的不公平。

提前设置退出机制，避免合伙人间的纠纷

甲、乙、丙三人共同创立了一家公司，公司成立时注册资本为100万元。分配股权时，由于甲年龄略大，所以出资40万元，占公司股权比例为40%，B和C各出资30万元，各自占股30%（见表4-1）。

表4-1　公司股权分配

股东	出资金额（万元）	占股比例（%）
甲	40	40
乙	30	30
丙	30	30

万事开头难，三人为了创业梦想，不断地努力奋斗。就当公司有了起色之后，却发生了一件事，让大家觉得当初的股权分配太草率了。

因为乙有一天突然提出要离开公司，这个事情谁也没有办法阻拦。可是人走了，留下来的公司股权怎么办？乙理直气壮地说："公司的股权我是要留下的，当初公司成立时，我是真金白银出了30万元的。而且我也咨询律师了，《中华人民共和国公司法》没有规定离职必须退股的，公司章程也没有这个规定。所以，以后公司有什么重要的事必须通知我开会，公司的财务状况也必须及时告诉我，有分红得按照股权比例来。"

甲、丙听了这话总觉得很不舒服，但是一时也说不出来哪里不对。他们想了很久，终于明白了一件事情：这是一家创业公司，靠的是大家努力做大，前面的100万元只是启动资金，乙前期确实出了30万元，可是干了半年就走，他俩还要守着公司5年、10年甚至更久，还要投入大量的人力、物力，若公司真的做大做强了，乙回来说有30%的股权，那肯定是不公平的。如果后面还要吸引合伙人，走了的乙占着30%的股权，拿什么吸引新人？

对于合伙人可能退出的情形，应当提前设置预警性的退出机制。

首先，在企业初创期，合伙人的股权分为资金股与人力股，资金股占小头，人力股占大头，人力股要和一定的服务期限挂钩，甚至和核心业绩指标挂钩。如果合伙人未能完成服务期限，或未能达到相应的业绩指标，则其股权的处置应当按照约定政策执行。比如，可以在一定期限内，约定股权由创始股东代持。

第一，如果合伙人离职，那么他可以兑现资金股与已经成熟的人力股，但未成熟的人力股应当被回购。

第二，股东中途退出，公司或其他合伙人有权溢价回购离职合伙人未成熟甚至已成熟的股权。

第三，对于离职不交股权的行为，为避免司法执行的不确定性，公司应约定离职不退股高额的违约金。

创业企业遇到合伙人退出，应按上述约定或其他特殊约定平和解决，尽量避免反目成仇。在执行退出合伙人股权回购时应遵循以下两个原则：

第一，承认合伙人的贡献。

对于退出的合伙人，一方面可以全部或部分收回股权；另一方面必须承认合伙人的历史贡献，按照一定溢价或折价回购股权，这一点不仅关乎合伙人的顺利退出，也事关公司形象乃至企业文化的塑造。

第二，回购价格的确定。

对于退出合伙人股权回购价格的确定，要考虑两个因素：一是退出价格基数；二是溢价或折价倍数。比如，可以考虑按照合伙人掏钱买股权的购买价格的一定溢价回购，或者退出合伙人按照其持股比例参与分配公司净资产或净利润的一定溢价，也可以按照公司最近一轮融资估值的一定折扣价回购。

4.3 家庭变故：夫妻争斗，公司震荡

初创企业的合作伙伴是直接参与企业管理的核心团队，但合伙人的配偶实际上是无形的合作伙伴之一。关于配偶的权益，创业者也不能忽视。近年来，我国的离婚率有上升趋势，创业者的离婚率更是高于平均水平。

我国法律规定，夫妻关系存续期间取得的财产，除法律有特别规定或夫妻双方有特别约定外，即为夫妻共有财产。创业者婚姻关系改变甚至会影响企业的管理权。

当当创始人离婚案引出的股权纠纷

媒体报道，2019年10月，当当网创始人李国庆在接受腾讯新闻《进击的梦想家》采访时称，因其妻子俞渝——当当网的联合创始人将其赶出当当网的行为而倍感愤怒和委屈。

一个明星企业的创始人是如何逐渐丧失对公司的控制权的呢？

俞渝，当当网董事长兼CEO，联合创始人。

1999年，俞渝与李国庆共同创办当当，并任联合总裁。2010年10月，当当在纽约证券交易所正式上市，成为中国第一家完全基于线上业务、在美国上市的B2C网上商城。2016年9月，当当网以5.56亿

美元的市值进行了私有化退市。

企业查询软件显示，李国庆在当当旗下主要公司及其子公司中任职和股权变更情况如图 4-1 所示。

北京当当科文电子商务有限公司			
变更日期	变更事项	变更前	变更后
2019 年 4 月 2 日	监事	李国庆	阚敏
2018 年 7 月 10 日	股权比例	李国庆 50% 俞渝 50%	李国庆 27.51% 俞渝 64.2% 其他股东合计 8.29%

100%

天津当当科文电子商务有限公司

2018 年 8 月 2 日，成立当当科文电子商务有限公司的子公司北京当当网信息技术有限公司

2018 年 8 月，俞渝任北京当当网信息技术有限公司董事，2019 年 2 月，担任总经理职务，并成为法定代表人

100%

北京当当网信息技术有限公司			
李国庆曾任职公司	变更日期	变更前	变更后
北京当当网信息技术有限公司（当当网）	2018 年 8 月 30 日	李国庆：经理、法定代表人	李国庆：经理、法定代表人 俞渝：执行董事（**新增**） 陈立均：监事（**新增**）
	2019 年 2 月 14 日	李国庆：经理 俞渝：执行董事、法定代表人 陈立均：监事	李国庆（**退出**） 俞渝：执行董事、法定代表人、经理（**新增**） 陈立均：监事

图4-1　李国庆股权变更情况

结合图 4-1 和新闻媒体报道，我们可以看到李国庆是怎样退出当当的。

1. 丧失对母公司的控制权

当当网的母公司（控股公司）为北京当当科文电子商务有限公司，工商登记信息显示，2013 年 10 月，李国庆与俞渝的持股比例为各 50%，而到了 2018 年 7 月，持股比例变为 27.51% 与 64.20%，至此俞渝拥有了对母公司（控股公司）的绝对控制权，李国庆丧失了最后的底线，即一票否决权（34%）。

据媒体采访报道，李国庆单方面称，俞渝鼓动李国庆，双方各拿出一半股份留给儿子，当李国庆拿出来后，俞渝以资本市场不看好儿

子成为大股东为由，代持儿子股份，这样，俞渝拿到了当当 75% 的控股权，并解除了李国庆的职务。

根据相关法律法规的规定，夫妻关系存续期间取得的财产除非双方做出特别约定，否则归夫妻共同所有。假如双方对股权比例未做婚姻上的划分，当当控股股权仍应视为夫妻共同财产。但在法律层面，如当当控股没有做出表决权与注册资本不一致的约定，不论股东之间是否存在夫妻关系，享有多数注册资本的股东一方，根据资本多数决定原则享有公司控制权。

2. 管理层方面控制权的丧失

（1）禅让当当总裁。

2014 年 10 月 6 日，由于两人的分歧，李国庆开创新当当，禅让当当总裁。他表示一开始是为了给俞渝舞台，所以退位。

2018 年 8 月，俞渝取得北京当当网信息技术有限公司执行董事职务，2019 年 2 月取得总经理职务，李国庆退出总经理职务。

（2）丧失法定代表人资格。

根据《中华人民共和国公司法》第十三条规定，公司法定代表人依照公司章程的规定，由董事长、执行董事或经理担任，并依法登记。因此，在管理层任职经理也具有任职法定代表人的资格，李国庆离职后法定代表人变更为俞渝。

法定代表人具有代表公司从事有关事务并签署文书的权利，一些协议在没有公司印章情况下，法定代表人签署也能生效。因此，成为法定代表人在掌握公司控制权方面的意义非常重大。

（3）监事职务丧失。

2019 年 4 月，李国庆辞去当当控股监事职务。

根据《中华人民共和国公司法》第五十三条规定，监事会或不设监事会的监事享有检查公司财务，监督董事、高管，提议召开临时股东会会议等重要权利。

监事在公司中的作用看似不大，但《中华人民共和国公司法》赋予了监事众多监督权，对公司仍有重要的影响。

（4）公司经理及其管理层的职权。

根据《中华人民共和国公司法》第四十九条规定，经理具有主持公司的生产经营，实施董事会决议，组织实施公司投资方案和拟定各种管理制度，提请聘任或解聘公司副经理、财务负责人等权利。

公司经理属于管理层，主持公司日常经营管理工作，具有提名公司中层高层尤其是财务负责人的权利。财务负责人是实现和把控公司控制权的关键人物，因此取得公司财务控制权成为控制公司的关键点。而丧失了对公司中高层管理层的管理和控制，也就一定程度上丧失了对公司的控制权。

根据《中华人民共和国公司法》第三十七条规定，股东会享有选举董事，决定公司合并、分立，增加或者减少注册资本，修改公司章程等重要权利。享有公司多数股权进而享有多数表决权在公司股东会中便有控股权，也就从根本上控制了公司。如果丧失多数表决权就会在公司控制权上处于不利地位，甚至在公司中的任职和职权会被取而代之。股权比例和表决权的比例从根本上决定了是否能够对公司实现控制。

2018 年 1 月，媒体报道李国庆收到逼宫信：司机秘书保留，工资待遇保留，团队和业务全部上缴。2019 年 2 月 20 日，李国庆以公开信的方式宣布离开当当，董事长俞渝兼任公司 CEO。

夫妻创业各有所长，在遇到强大外来竞争者时李国庆上，平时经营守业俞渝负责。风风雨雨经历了 20 年，但最后双方分道扬镳，李国庆更是失去了对当当的控制权，不论是对双方个人抑或是对当当可能都是一种损失。

其实双方本来可以建立内部协商和纠纷解决机制，并严格遵守。在发生分歧时严格按照解决机制处理彼此分歧，同时建立起完善的董事会制度，所有的董事严格按照董事会制度决策并管理公司，也许当当就不会发生李国庆丧失控制权的情况，双方各展所长，当当可能会发展得更好。

当然，当当控制权转换是以较为和平的方式进行的，为其他发生控制权争夺的公司树立了正面案例。真功夫案例同样也是夫妻之间共同创业，后来发生纷争，并发生了控制权的争夺，结果是蔡达标被送进监狱，真功夫丧失了良好的发展时机。公司控制权能够和平转换，不论控制权在谁手里，能够带领公司长远发展下去并带来财富的增长，才是对公司及公司的所有股东最有利的。

控制权转换过程中也可请专业人士介入，提出专业解决方案，通过协商谈判妥善解决控制权的转换。不论是取得控制权还是让出控制权，都应当尽量照顾各方利益，同时尽量避免公司利益受到损害或少受损害，进而完成控制权的过渡，力保各方都是赢家，当当在这方面做了好的示范。

近几年，国内的离婚率飙升，企业家群体也不能幸免。企业家离婚之后的财产处理问题，包括股权，不仅对家庭有非常重要的影响，对企业发展也至关重要。

上市公司股东离婚，一般都要付出天价的分手费。原土豆网因创始人王薇的离婚大战而元气大伤。

土豆网创始人夫妻间的股权纠纷

2005 年 1 月，王薇个人出资 100 万元开始创业。同年 4 月，王薇打造的视频网站土豆网正式上线。

此后五年间，土豆网先后进行五轮融资，融资金额近 1.35 亿美元，与此同时，创始人王薇的股权也被大幅度稀释，截至 2010 年 3 月，身为土豆网董事会主席兼 CEO 的王薇的持股比例仅为 13.4%。

在此期间，王薇和妻子杨蕾维持了近三年的婚姻，尽管杨蕾不是土豆网的创始人，也非公司股东，但由于土豆网的快速发展都是在两人婚姻存续期间，因此王薇持有的土豆网股权也是夫妻共同财产。

2010 年 3 月，王薇和妻子杨蕾由于性格不合选择离婚，当时上海市徐汇区人民法院仅对两人进行了调解离婚，并未对夫妻共同财产做出分割。

2010 年 11 月初，经历五轮融资的土豆网有望赶在优酷之前登陆纳斯达克，但在土豆网酝酿赴美上市的关键时期，王薇前妻杨蕾半路杀出，将王薇告上法庭。上海市徐汇区人民法院就杨蕾提出的离婚财产分割诉讼采取行动，冻结了王薇名下3家公司的股权，其中包括上海全土豆网科技有限公司95%的股份，土豆网上市计划因此搁浅。后王薇与杨蕾达成和解，王薇付给杨蕾700万美元（约合4552万元人民币）补偿款。

2011年8月，因离婚纠纷导致上市进程被搁浅半年有余的土豆网终于在纳斯达克上市，但不幸遇上美国资本市场低估，上市首日就下跌12%，市值仅7.1亿美元。2013年3月，优酷和土豆宣布双方将合并为优酷土豆股份有限公司，土豆网退市。

土豆网创始人夫妻间的股权纠纷甚至催生了一条公司股权安排中的"土豆条款"，它最初源自上海暴雨娱乐公司首席执行官朱威廉的一条微博："听说最近不少PE试图在SA（股东协议）中增加条款，要求他们所投公司的CEO（首席执行官）结婚或者离婚必须经过董事会批准，尤其是优先股股东的同意方可进行。"

土豆条款经过多次演变，最后变为"配偶同意创业者婚内股权为创业者个人财产，同意不对公司股权主张任何股东权利，并写进公司章程"。

第一，必须承认"婚姻期间，双方对于共同财产权的平等主张"是完全合法的。

第二，土豆条款的类似约定也是合法的，因为"婚姻期间财产是夫妻双方共同财产，但是夫妻双方可以另行约定财产的归属"。

第三，如果配偶放弃就公司股权主张的任何权利，与之相对应的必须是"保障夫妻之间权利出让方的经济补偿权"，这才不失约定的公允性。如果离婚，必须用令其满意的经济补偿换取离婚配偶不主张公司股权，不得干涉公司的经营管理。

由此可见，企业家的婚姻比普通人隐含着更大的风险。除了感情在婚后是否契合，身心交付是否如意之外，企业"江山"是否稳固也要受婚姻的影响。夫妻一旦分手，可不是“从哪里来、回哪里去”这么简单，是要“携多少分割财产”分手的问题，并且，这些财产往往和企业的股权结构直接关联在一起，而企业的股权结构又影响着企业的发展稳定，影响成百上千员工的劳动就业，甚至决定企业的生死存亡，可谓牵一发而动全身。

离婚股权价值分割又涉及以下两种情形。

第一种，涉及第三方股东的情形。

当夫妻双方只一方持有目标公司股权，而另一方请求受让股权取得股东资格时，就会涉及优先购买权问题。针对有第三方股东存在的股权转让，在同等条件下，其他股东有优先购买权，在离婚协议中，如未经第三方股东同意，夫妻双方自行处分公司股权条款是无效的。

在公司章程没有特殊规定的情形下，根据相关法律法规的规定，应按如下方式处理：①股东配偶在其他股东过半数同意且其他所有股东明确表示放弃行使优先购买权的情形下，可成为股东并按约定比例享有股权；②如半数股东不同意转让，但愿意以同等价格购买该出资额，可以对转让价款进行分割；③如半数股东不同意转让，也未就股权转让价款达成一致（不愿意以同等价格购买出资额），视为其同意转让，该股东配偶可以成为该公司股东。

第二种，夫妻双方分别持有且离婚时均主张继续持有股权的情形。

此情形即公司属“夫妻店”，没有第三方股东；或者公司虽有第三方股东，但夫妻离婚时股权份额仅在夫妻间进行调整。

该种情形的典型案例是当当网创始人离婚案。当当网创始人李国庆和夫人俞渝在婚后创立“当当网”，李国庆、俞渝在北京当当科文电子商务有限公司（以下简称“当当电子”）的股权比例分别为27.513%及64.197%，当当电子通过持有天津当当科文电子商务有限公司100%的股权，间接控股北京当当网信息技术有限公司（即当当网运营主体）。李国庆、俞渝均主张离婚后继续持有当当电子公司股权，因此该分配仅涉及分割股权比例，无须确定公司股权价值，也不涉及优先购买权问题。如果双方能够就股权比例协商一致，则按双方约定处理；如果达不成一致意见，按原则均分。

但如果夫妻一方或双方均主张拥有当当电子全部股权或一方要退出，此时就需要通过协商一致、评估、竞价、参考市场价等方式确定公司股权价值，对另一方进行经济补偿。

此外，如果双方维持现有比例不变，也需要确定公司股权价值，并对持股比例低的一方进行经济补偿，理由是二人共同持有的当当电子的 91.71% 股权（股权价值）均应认定为夫妻共同财产，而不以工商部门登记中的持股比例为准。

4.4

投资人退出：低价转让股权，引发利益纠纷

公司经营中经常会出现这样的情况：投资人出于各种原因想要转让自己的股份，通过股权转让带来利益最大化。但是这个时候，会出现有些投资人作为股东不通知现有股东、自行转让股权给第三人的情况。

低价出售股权引发利益纠纷

2016 年，吴先生与唐先生、高先生一起成立了一家食品加工公司，吴先生占股 50%、唐先生占股 25%、高先生占股 25%，由吴先生担任公司的法定代表人和董事长。

公司成立初期，效益较好。不过随后几年由于受市场调控的影响，公司效益下降得非常明显。

2019 年 6 月，吴先生接到高先生的电话，表示他已经把其名下 25% 的股份以 30 万元的价格转让给了他的亲戚王先生，以后公司有什么事情可以直接找王先生。

面对突如其来的通知，吴先生希望高先生不要退出，但高先生态度坚决。吴先生与唐先生商量了一下，两个人都不同意王先生加入，决定收购高先生的股份。

谁知，当吴先生把收购意见跟高先生说后，高先生明确予以拒绝。

他说自己已经与亲戚王先生签订了《股权转让协议》，并且已经收了对方的转让款，不可能再退钱给王先生。

首先我们要了解几个知识点。

为了维持有限公司的人合性和封闭性，《中华人民共和国公司法》赋予了股东三种权利，即表决权、否决权和优先购买权。在这三项权利中，优先购买权是赋予股东在同等条件下，优先从其他股东手中购买股权的权利。但对于其他股东来说，如果其下决心离开公司，现有股东应当积极行使优先购买权来维护自己的合法权益。

有限责任公司属于人合性公司，所以股东要想进行股权转让，必须经过其他股东的同意才能正式生效；没有过半数股东同意，就无法完成股权变更登记。因此，如果其他股东不同意，该股权转让协议无法生效，只约束出让股权的股东与第三人，对其他股东没有法律约束力。

《中华人民共和国公司法》第七十一条规定，有限责任公司的股东之间可以相互转让其全部或者部分股权。股东向股东以外的人转让股权，应当经其他股东过半数同意。股东应就其股权转让事项书面通知其他股东征求同意，其他股东自接到书面通知之日起满三十日未答复的，视为同意转让。其他股东半数以上不同意转让的，不同意的股东应当购买该转让的股权；不购买的，视为同意转让。经股东同意转让的股权，在同等条件下，其他股东有优先购买权。两个以上股东主张行使优先购买权的，协商确定各自的购买比例；协商不成的，按照转让时各自的出资比例行使优先购买权。公司章程对股权转让另有规定的，从其规定。

有限责任公司股东具有转让股权的自由，但由于有限责任公司的人合性，股东向股东以外的人转让股权，需要遵守法定程序。对大家提出如下建议，以便有限责任公司的股东转让自己持有股权时参考：

（1）履行通知程序

股东向股东以外的人转让股权时，应就其股权转让事项书面通知其他股东征求同意。该通知应就其股权转让事项以书面或其他能够确认收悉的合理方式通知。

（2）通知包含内容

有转让股权意向的股东应当向其他股东发出书面通知，告诉其他股东有关其股权转让的事项，包括转让股权数量、转让价格、转让款支付方式、受让方等，并询问其他股东是否同意这一股权转让。

（3）转让应经其他股东过半数同意

股东向股东以外的人转让股权，应经其他股东过半数同意。该“过半数”以股东人数为标准，而不以股东所代表的表决权多少为标准。这是因为股权转让需要考虑的是每个股东的意愿，而非大股东的意志，是“股东多数决”而非“资本多数决”。

（4）有效通知的法律后果

为了保障股东行使股权转让权，避免其他股东的不当或消极阻挠，法律规定，股东对股权转让的通知逾期未答复的视为同意转让；如果半数以上其他股东不同意转让，则应购买要求转让的股权，否则视为同意对外转让，以防止表示不同意转让的股东既不同意转让，又不购买其不同意转让的股权，使意图转让股权的股东无法实现其目的。

（5）公司章程可对股权转让程序进行规定

出于对股东自治意思的尊重，《中华人民共和国公司法》在规定股东转让股权程序的基础上，又规定公司章程对股权转让另有规定的，从其规定。即公司章程可以对股东之间的股权转让及股东向股东以外的人转让股权，做出与法律规定的程序不同的规定。一旦公司章程对股权转让做出了不同的规定，就应当依照公司章程的规定执行，而不再按照法律规定的程序进行股权转让。

4.5

激励对象离职：员工身份转变，公司上市难

不能说每个企业都有进入资本市场的可能和未来上市的梦想，但是，绝大多数企业在可能的情况下，还是希望自己的公司能拥抱资本市场。那么，设计股权激励方案一定不能成为公司获取外部融资和进入资本市场的障碍。

如果企业有不合理的股权架构，投资人是不会进入的，股权激励必然会涉及公司股权架构的调整。同样，企业在实施股权激励方案时，可能会对激励对象有一些特别的承诺或特殊的利益安排。但是，没有规定这些承诺或利益安排什么时候结束，也没有规定什么情况下公司可以进行修改或收回。那么，在外部投资人进入的时候，看到有这些规定，要么觉得这些承诺或利益安排不合理，要么觉得自己进入以后并不能获得预期的收益，也会谨慎选择是否投资。

此外，在公司上市之前，如果还存在未解锁或未行权的激励股份，根据上市规则，这类企业是不可以上市的。如果在方案中未规定特殊情况下的激励计划终止或变更，那么必然会引起纠纷，也会对公司上市的进程产生重要的影响。

富安娜股权激励纠纷案

2007年6月，富安娜以定向增发的方式，向高级管理人员及业务骨干发行700万股限制性股票，发行价格为1.45元/股，希望通过建立和健全激励约束机制，吸引和留住优秀人才。

2008年3月，为了配合IPO进程，富安娜终止上述计划，并将所有限制性股票转换为无限制性的普通股。同时，与原有的激励对象协商签署了《承诺函》。双方在《承诺函》中约定：持有原始股的员工“自承诺函签署日至公司上市之日起三年内，不以书面的形式向公司提出辞职、不连续旷工超过七日、不发生侵占公司资产并导致公司利益受损的行为，若违反上述承诺，自愿承担对公司的违约责任并向公司支付违约金”。

2008年7月至2009年9月，富安娜26名持股员工先后违反《承诺函》的约定，离职、跳槽。

2012年12月，富安娜对该26名自然人股东就《承诺函》违约金纠纷一事，向深圳市南山区人民法院提起民事诉讼，要求判令26名被告分别赔偿违约金，累计达8121.67万元。

在富安娜与员工系列股权激励纠纷案中，双方主要争议焦点是《承诺函》是否合法有效。富安娜认为作为本案关键证据的《承诺函》皆为被告本人亲自签署，是客观真实的。公司为配合上市的要求，召开股东大会中止了限制性股票激励计划，将所有限制性股票转换为无限制性普通股，采用由激励对象出具《承诺函》的方式继续对激励对象进行约束，也并未损害员工利益，《承诺函》合法有效。

对此，法院认为，激励对象因身为公司高级管理人员或主要业务骨干而被公司认可具有认购限制性股份的资格，激励对象与公司之间劳动合同关系的成立和存续，影响到激励对象与公司之间股权关系的成立和存续。但劳动合同关系与股权关系属于两个独立的、不同性质的法律关系，有着不同的权利义务内容，不能混为一谈。

※退出机制不可少

企业实行股权激励，需要同时建立退出机制。企业需要始终有股权资源来奖励人才，这就意味着股权激励的对象是能进能出的。股权给出去了还能收回来，否则股权这种稀缺的资源消耗完了，企业拿什么来激励后续的人才呢？而且，离职人员持股，搭企业发展的顺风车，对仍在奋斗的人员也是不公平的。因此，站在企业的角度，是需要对离职人员的股份进行回购的。

站在员工的角度，股份也只有能够退出才更有价值。股份的经济利益除了分红，还有股份增值，员工手里的股份只有能够退出，才能体现股份增值的价值。

信誉楼的股权激励的退出机制

2001 年，河北黄骅信誉楼集团通过了新的《公司章程》，针对全员持股和大股东控股存在的弊端，提出了“货币资本依附于人力资本的股权设置方案”，并于 2002 年开始正式实施。

公司核心员工的持股方案是：

（1）核心员工从得到授予的虚股开始即成为公司的股东。货币出资前为虚股，虚股享有分红权，不享有增值权；出资后为期股，期股期间享有分红权和部分增值权；期股满五年为实股，实股享有分红权和增值权。

（2）期股期间降级者将其减少部分的股权按投入金额收回，并按相应比例计算增值，存入公司。降级前按原股权分红，从降级当日起只享有变更股权的分红权。

（3）期股期间股东自行离职或被开除的，公司有权将股权按投入金额收回，不享有本年度的分红权。实股期间股东自行离职或被开除的，按上年度末公布的股值清算，并不享有本年度的分红权。

（4）期股期间股东被派往子公司，股权退出时暂按上年度末公布的估值收回；公司公布本年度股值后，再清算该年度工作时间内的分红和增值，增值部分存入公司。实股期间因股东降级其股权减少、股东退休或被派往子公司的，将其全部股权暂按上年度末公布股值收回；公司公布年度股值后，再清算该年度工作时间内的分红和增值。

（5）股东有损害公司利益的行为，公司有权将股权（包括实股）按投入金额收回，且股东不享有本年度的分红权，造成损失的另追究赔偿责任。

那么，企业应该如何回购离职人员的股份呢？

企业在与员工签订股权激励协议时，需要明确员工离职时企业可以回购员工的股份并约定股份的回购价格。同时，公司保留不回购的权利，即员工离开公司时没有要求公司必须回购股份的权利。这一点对创业公司很重要，因为创业公司一旦倒闭，先离职并退股的人可能成为创业团队中唯一赚了钱的人，这对其他合伙人是不公平的。

我们还要确定股权回购的价格，这是建立回购机制的关键点。确定股权价格要公平，要体现企业的经营业绩。

确定股权回购价格还需要考虑到，在公司出现经营危机时员工集中离职退股的情形。一些员工对公司的经营状况比较了解，当公司发生重大危机时，可能提出离职退股，这将加重企业的经营危机。对此，可采取分期退出的策略，比如分四期，每季度可退出 1/4。

从大的方面来讲，退出机制主要分为两大性质和两大原则。从性质上，股权分为虚拟股和注册股，如果是虚拟股，那么股东一旦离开则股权自动丧失。如果是注册股，退出机制遵循两种原则，即过错性退出和非过错性退出。

过错性退出是指员工因自身过错被要求退出激励对象的范围，通常包括以下几种情况：

• 主动离职。

这是最常见的一种情况，如果员工成为股东以后离职，那么股份肯定是公司以原价回购，如果是公司亏损，要按照持股比例承担亏损后再退出。

如果投资金额不够弥补亏损，那么股权就无条件回收。另外，在公司发展的特定阶段，比如有风投进入或是上市，一旦有大股东退出会直接影响公司的估值。如果上市前大股东退出，那么公司三年不能上市，这对公司影响很大。通常来说，面对这两种情况公司要强势一点，规定股东一旦退出，就要以一元钱回购或无条件回购。在对方离开后也要有一些约束条款，比如公司员工离职后不得回老公司挖客户，不得向竞争对手泄露公司机密等，否则要赔偿。

• 违背职业道德，因主观原因不能胜任工作。

员工拿到股份以后，工作态度不积极，多次完不成工作目标，如果没有给公司带来损失，其股份原价回购，如果给公司造成了损失，就要承担损失，然后再退出。

• 贪污腐败，泄露公司机密，失职渎职。

如果股东利用自己的职务之便贪污腐败，故意泄露公司机密，为自己牟取不正当的回报，给公司管理和外部形象与名誉造成损失，公司立即无条件回收其股权，如果严重的话，要向法院起诉要求其承担损失。

• 违反公司章程规定，经股东大会认定表决原价回购或无条件回购。

• 在职期间开设与公司业务相同或相近的公司，或者是在同行公司兼职，利用公司资源给同行提供便利，这种情况通常要求无条件回购。

以上 5 点就是关于过错性退出的情况，大家可以根据自己公司的情况细化和扩展。

接下来给大家讲解的是非过错性退出的情况。

• 意外伤残死亡或者是丧失劳动能力。

通常情况下，按照公司当下的净资产回购，也可以按照其在公司工作的年限分期回购，比如说在公司工作了 10 年，持有公司 5% 的股份，可以把他的股份分为 10 年回购，每年回购 0.5%，回购的价格参照当年公司的净资产。

• 达到法定的退休年龄。

激励对象退休是事先可以预知的情节，因此，按股权激励授予协议确定的时间表，让激励对象享受与离职前一样的权利即可。当然，由于激励对象退休后公司不再对其进行业绩考核，双方可以协商加速行权。如果激励对象提前退休，则视作主动离职，尚未行权的期权失效。

• 激励对象的工作能力跟不上发展要求。

这与工作态度不好有区别，这里是指公司转型或快速发展导致股东跟不上公司的发展，心有余而力不足。这个时候公司通常要按照原价回购，也可以在此基础上给予相应的补偿，或者是按照当下的资产回购。

• 公司章程规定的营业期限届满或解散。

这种情况直接按照公司当下资产进行清算就可以了。

以上 4 点是非过错性退出的情况。

不管是过错性退出还是非过错性退出，我们都应该在最后加上一条，即董事会认定的其他情形，这样就可以留有余地。

股权激励退出处理方式

在本激励方案有效期内，激励对象如发生以下事由（包括但不限于）之一，自情况经公司股东会核实之日起即丧失激励资格，无权再参与本激励方案项下的各种激励方式，并取消截至当年尚未发放的分红；情节严重的，公司依法追究其赔偿责任，并有权根据公司规章制度给予相应的处罚（相应处罚包括但不限于停止参与公司一切激励计划）、取消职位资格甚至解除劳动合同关系；构成犯罪的，公司应将其移送司法机关追究刑事责任：

（1）因不能胜任工作岗位、违背职业道德、失职渎职等行为严重损害公司利益或声誉而导致的降职、调职、解除合作关系。

（2）公司有足够的证据证明乙方在任职期间，由于受贿索贿、贪污盗窃、泄露公司经营和技术秘密、损害公司声誉等行为，给公司造成损失。

（3）以任何形式从事与公司及/或其下属公司相同或相近的业务。

（4）被开除或被公司辞退。

（5）死亡或宣告死亡以及丧失民事行为能力。

（6）违反公司章程、公司管理制度、保密制度、与公司签署的保密及竞业限制协议等其他违规、违约行为。

（7）违反国家法律法规并被刑事处罚的其他行为。

（8）从事其他被公司股东会认定的不当行为。

如对本退出机制进行修订，须经股东会审议，股东会批准。

回购机制：

上市之前的退出机制，各种退出方式含主动辞职、辞职、降职、退休、病故、因公殉职、违反否决条件等情况，具体退出时间、退出时处理方法如表 4-2 所示。

表 4-2　退出处理方式

股权类别	第一原则	具体说明	
在职分红/期股	离职自动退出	分红时间	每年 2 月底分红； 在分红前离职者均不享受后面的分红； 同时失去分红股资格，在职分红股因职位变动及级别变动而变动，股随岗变
	主动辞职、辞职、降职、退休	回购金额	购买后三年内不允许退出，如果要退出按原购买价 50% 退出； 注册后购买满三年后退出，实付部分按 0.7 元/股回购，赠送部分按 0 元/股回购； 注册后购买满三至五年后退出，实付部分按 0.8 元/股回购，赠送部分按 0 元/股回购； 注册后购买满五年后退出，实付部分按 1 元/股回购，赠送部分按 0 元/股回购； 回购款在每年 2 月底结算支付
		退款时间	回购金额大于 200 万元时，回购款分三年各 1/3 支付； 回购金额大于 100 万元小于等于 200 万元时，回购款分两年各 1/2 支付； 回购金额小于等于 100 万元时，当年 100% 支付； 回购款在申请退出确定后三个月内结算支付
	伤亡或个人重大事件退出	退出方式	由股东会决定提前全额支付回购款，退出回购价格以上面规定为准

※离职时没收或强制回购激励股权、返还分红是否违法

依照通常的理解，股权属于个人财产，应由股权所有者自主占用、处分收益权利。但多数激励方案出于激励目的考虑，对股权及其利益的享有设置了收回条件，比如被激励对象离职，或因其他原因与公司解除劳动或者其他合作关系、严重违反规章制度等。

对该等约定的效力，法院倾向于认为：对提前辞职的激励对象所能获得的股份投资收益予以限制，并不违反公平原则，合法有效。具体观点如下：

• 对于离职后是否属于享有股权激励的人员范围，有约定依约定，无约定不予收回。

• 公司拒绝激励对象行权须承担违约责任。

• 激励对象如主张公司非法没收其名下股票期权，应当就此举证。

• 具体可以区分出资与否。

对通过支付对价受让而来的股份通常考虑其出资，如无特殊约定，在没收时应退还出资额或依照公允价格回购。对于纯粹由奖励获得，同时约定离职时无偿还的，则支持公司收回。

• 回购主体。

回购时采取指定第三方受让方式的，不会导致公司注册资本的降低继而并不损害债权人利益。

• 回购对价。

有约定依约定。高级管理人员所持股权不同于一般股东的股权，股权回购价格也不能以市场价格确定，而应严格依照章程、高级管理人员持股制度实施办法等来确定。

• 离职分红问题。

虽然双方并未约定离职后是否仍然享有分红权利，但员工离职后仍享有分红权利，与公司设立该激励措施的目的不符，也不符合公平、合理原则。

05

初创企业 股权分配的 6 个策略

▼

创业团队及投资人的出现必然会涉及股权分配问题，科学合理的股权结构不仅能够使创始人掌握企业控制权，同时还能通过股权激励方式有效提升员工的积极性，进行股票增发为企业的发展引入足够的资金等。

5.1
两个核心：资本和人才

我们经常从一些影视剧中看到江湖卖艺者说这样一句话，“有钱的捧个钱场，没钱的捧个人场”。这句话放在创业团队之中其实也同样适用。参与创业的每一位合伙人都有其不同的资源，所以就会有着不同的贡献，比如有的合伙人会提供资金支持，有的合伙人会提供技术支持，此外，还有场地、渠道，不一而足。

创业团队在股权分配方面，一方面要注重投资者的金钱价值，另一方面要注重为公司创造价值的人力资本，基于创造价值过程与价值分配结果的相对公平，在创业团队与投资人之间形成合力型股权分配机制（见图 5-1）。

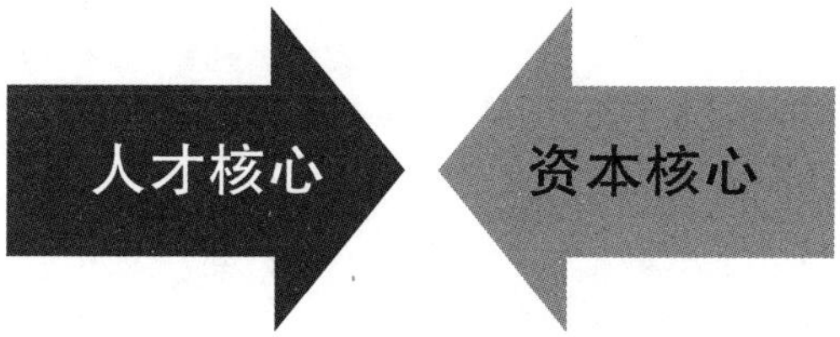

图5-1　人才核心与资本核心

※人才核心

这是个“打劫”的时代，互联网技术为“打劫”提供了技术上的实现手段，各行各业尤其是传统行业都面临着不断揭竿而起的“打劫”者、颠覆者。商业乱世之中，一切都在快速变化，原有的规则、结构、市场都在受到冲击，相对稳定的战略和组织根本无法及时做出反应，只有人才可能根据前线的炮声和战火，即时判断、快速反应。因此，在此商业乱世之中无论要进攻还是防卫，人才再次成为首要的依靠和指望。大争之世，一切的竞争都化为人才之争。《华为基本法》第16条就提出“劳动、知识、企业家和资本创造了公司的全部价值”，可见，人力资源在当今企业中的重要性。

在智力劳动领域，这种趋势已经清晰，比如互联网创业，IT行业，投行投资领域，律师、会计师、设计师等，不坚持事业合伙人的理念，不搞平台化和生态化组织，几乎做不成大公司，历史上做大了的公司也很难再坚持。连万科、海尔等传统行业公司也意识到不搞事业合伙人体制已经很难再往前走了。因此我们认为，所谓“时代”，可能根本不是时间概念，而是代际概念，是人群概念。只有人的代际更替，才能催生商业的新陈代谢、更新换代。新生代企业依靠新生代的人，不能抓住新生代的人，老企业就无法实现转型。

我们大胆得出这样的结论：一切要回到人才，服务于人才。

※资本核心

通常，一家企业从创业之初，需要经历一个完整的生命过程，从有一个想法或技术开始，聚集一个团队，到形成产品、完善产品、验证商业模式、快速自我复制，再到跨区域或跨产业链条扩张，直至最终成熟乃至上市，其中每个阶段都需要不断投入资金作为企业发展的基础和推动力。

而如今，面对日益激烈的竞争格局、快速变化的商业生态、不复存在的行业壁垒与区域壁垒，初创企业很难再有慢慢成长的时间与空间，快速发展、积累用户、烧钱大战、战略亏损成为更多初创企业发展壮大的必由之路，因此“融资”也成了所有初创企业在发展之初不得不面对的战略话题。

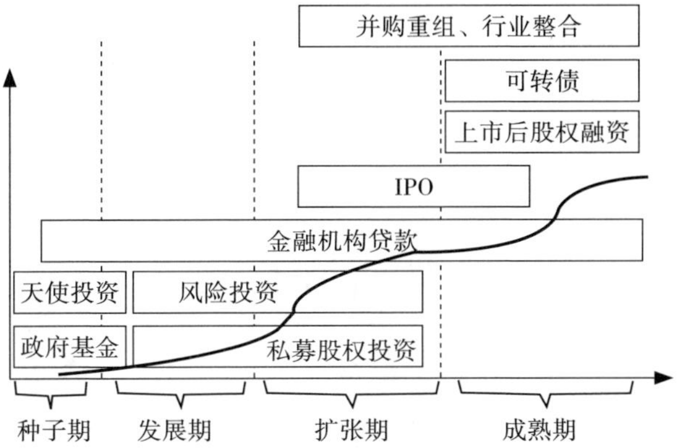

图5-2　企业成长过程融资方式概览

我们总结了企业成长过程中常见的融资方式之后发现（见图 5-2），股权融资的重要性贯穿于企业成长的各个关键阶段，不论是早期阶段的天使投资、风险投资、私募股权投资，还是后期的 IPO、上市后股权融资，或者是并购重组与行业整合，都需要通过稀释公司股权、吸纳新进股东来进行。在这个过程中，除了美好的行业未来和公司前景、明确的企业战略之外，合理的股权架构、优秀而稳定的团队也能够帮助公司吸引更多股权投资者的关注，进而在股权融资的过程中获得更多的选择权和更高的议价能力。

企业进行融资时的估值及实际获得的融资额度，除了与其发展前景、盈利情况及战略执行等因素有关外，稳定而极具向心力的创业团队及科学合理的股权结构无疑也是关键所在，其在吸引更多资本关注而丰富企业融资选择的同时，还能有效提升企业在融资过程中的话语权。

5.2

预留股权池：吸引人才的加盟

创业如同漫长的马拉松，没有十年八年很难有结果；同时创业又像是一场接力赛，需要新鲜的血液产生一波又一波的动力，需要区域、行业的人才为公司不断创造新的价值。所以可以说，创业就是以百米冲刺的速度，跑一场接力的马拉松。

最早期的一批创业团队，开了一个局，是公司的“1”，没有这个“1”，后来者做出多少“0”都没有意义。但是公司要想做大，需要后来人接过接力棒，保证公司不会在冲刺马拉松之中过于疲惫甚至直接被淘汰。

因此创业企业要始终留出一部分股权池，来吸引区域人才、行业人才的加盟，这种长效的、形成机制的激励，也能够保证新老团队的磨合不出现问题。

如若不然，最早进入公司的一批人把自己看成元老，担心新人替代自己的地位；新人们认为自己的能力更强，看着元老理所应当享受股份，产生强烈的排斥情绪。那么创业企业的冲刺马拉松赛永远都不可能结束。

※为何设置期权池

（1）留住核心员工

核心员工是公司的中流砥柱，所以，单纯的工资不能体现这些人的价值。而且，这些核心员工具备很强的专业能力，极有可能被其他公司挖走。

大家都知道，公司去竞争对手处挖人，比自己培养员工快很多。只要对方提供更高的工资，没有核心员工不动摇。

因此，为了使辛苦培养出来的核心员工不至于流失，大多数公司都会使用期权激励，一方面体现了员工的价值；另一方面可以绑定员工，增加其跳槽成本，从而有利于企业的整体稳定。

（2）吸引未来员工

初创公司一般既缺钱又缺人，通过融资只能满足金钱的要求，但不能解决企业缺人的困扰。对于未来人才而言，想要吸引他们，不能只靠工资，有的时候，需要发行期权增加公司的吸引力，描述一个美好的未来，以便公司在与竞争对手同等薪水，甚至薪水比较低的情况下，能够吸引到高端人才。

当然，也有的公司发展很好，不缺钱，这时再使用期权，就更能吸引优秀人才的加入，因为对于很多人才而言，他们加入企业不单单是为了钱，还为了搏一个更美好的未来。

（3）降低股权稀释风险

公司发展到后期，需要引进投资人，而投资人则会要求在其投资之前，先设立好期权池，这样，以后公司在做股权激励的时候，就不会稀释投资人的股权。

一般而言，每一轮融资时，新投资人都会要求公司重新设立一个期权池。期权池一般由之前的持股方按各自持股比例共同稀释，新投资人的股份不参与稀释。

（4）简化流程

期权激励是很烦琐、很严谨的事情，需要程序绝对合法，特别是最后牵扯股权变更，程序更复杂。每变动一次股权，都会耗费很多的时间与人力成本。比如，召开股东会要求增资，或者投票表决是否要转让股权，进而要修改公司章程、办理工商变更登记等，每一步都不是一天两天能完成的。

预留期权池：避免投资人股权稀释

在某公司设立之初，三个股东甲、乙、丙的股权结构为70：15：15，股东一致约定，甲持有的70%股权中有15%将用于未来的管理层股权激励。后公司引进财务总监、技术总监和营销总监，三人合计得到9%的股权激励。公司继续引进中层管理人员和技术骨干员工时，许诺有6%的股权用于股权激励。

此时，由于外部投资人的进入，公司估值已经为1.2亿元。在新引进的人员要求兑现股权激励时，实际控制人不愿意将6%的股权转让。在所期许的股权激励无法落实的情况下，这一批员工相继辞职，公司业务停滞不前。

由于实际控制人未能遵守原来的约定，另两名创始股东对其行为十分气愤，并拟通过诉讼索回部分股权。一个原本发展蒸蒸日上的公司，因实际控制人的贪念而陷入停滞。

如果提前设立期权池，将需要用作员工激励的股权提前预留出来，当后期因实施员工股权激励引起股东结构变化时，就不需要进行修改公司章程、办理工商变更登记等一系列程序，只需要按照董事会事先批准的股权激励方案具体实施即可，能够大大简化流程。

一般情况下，期权池的比例在10%~20%。具体是多少，要参照企业的整体情况。比如说创始团队人员齐全，未来引进的核心人才不多，那么可预留 10% 作为备用；如果企业创始团队不太完整，则可以预留 20%。而且还要针对不同的行业进行设置，对于那种人力驱动型的行业，如互联网企业，比例可以适当提高。

※ 如何设置期权池

在具体实务中，通常有两种设置方法。

（1）创始人代持

创始人代持方式意指初创企业在工商登记上对应于期权池而多持有的股权，也就是未成熟的部分股权。一般情况下，创始人及员工三方共同签订协议，当需要行权时，创始人就要按照协议中所约定的价格将股权转让给员工。

企业采取创始人持股，主要由于无论是企业还是投资者，都不希望企业股权过于分散。否则，企业在召开股东大会做出决策时，所有的股东都要到场进行表决，很容易出现决策不统一的现象，从而降低企业决策效率。需要注意的是，企业采取创始人代持方式，需要获得企业其他股东的认可才可以进行。

甲乙二人成立一家公司，甲是大股东，持股 70%，其中包含 10% 的期权池，乙有 30% 的股权，那么在进行工商登记时，直接登记甲有 70% 的股权，乙有 30% 的股权。以后进行股权激励时，就不必再稀释这两个人的股权了，直接用甲手中代持的 10% 股权进行股权激励。

当年的新东方拿出了 10% 的股权放进期权池，由俞敏洪代持。包括后来的引进核心人才等各种激励方案，都是用这 10% 的股权进行的，这也为新东方的崛起奠定了基础。

（2）设置有限合伙持股平台

代持是一种非常简单的方法，另外一种方法是成立有限合伙企业，直接将期权池的股权放在企业里面，这样该合伙企业就成为一个股权激励的持股平台。

设立有限合伙企业需要注意以下三个问题：

第一个问题是人数。

《中华人民共和国合伙企业法》第六十一条规定：“有限合伙企业由2个以上50个以下合伙人设立。”也就是说，有限合伙企业的合伙人同样不能多于50人。企业如果想要引进大量人才并让他们享受期权，只能同时设立多家有限合伙企业，而这些有限合伙企业也可以同时成为企业股东。

第二个问题是出资。

《中华人民共和国合伙企业法》第十四条规定：“设立合伙企业应当有合伙人认缴或者实际缴付的出资。”需要企业着重注意的是，与设立主体企业不同，有限合伙企业的普通合伙人可以通过劳务出资获得股权，但有限合伙人不能通过这一方式获得股权。不仅如此，为了能够保证有限合伙企业有效发挥股权激励作用，除了预设其股权比例外，有限合伙人的财产份额也需要预设。

第三个问题是协议。

《中华人民共和国合伙企业法》第十四条规定：“设立合伙企业应当有书面合伙协议。”企业成立有限合伙企业的主要目的是让员工更顺利地获得股权。因此，企业在设置合伙协议时，应当标明《中华人民共和国合伙企业法》中第十八条与第六十三条的规定内容。

《中华人民共和国合伙企业法》第十八条规定，合伙协议应当载明下列事项：①合伙企业的名称和主要经营场所的地点；②合伙目的和合伙经营范围；③合伙人的姓名或者名称、住所；④合伙人的出资方式、数额和缴付期限；⑤利润分配、亏损分担方式；⑥合伙事务的执行；⑦入伙与退伙；⑧争议解决办法；⑨合伙企业的解散与清算；⑩违约责任。

《中华人民共和国合伙企业法》第六十三条规定，设立有限合伙企业的合伙协议，除前述内容外，还应当载明下列事项：

①普通合伙人和有限合伙人的姓名或者名称、住所；

②执行事务合伙人应具备的条件和选择程序；

③执行事务合伙人权限与违约处理办法；

④执行事务合伙人的除名条件和更换程序；

⑤有限合伙人入伙、退伙的条件、程序以及相关责任；

⑥有限合伙人和普通合伙人相互转变程序。

※有限公司持有

有限公司持有即通过有限公司间接持股，这是我国企业上市之前最常用的期权池持有方式，如图 5–3 所示。

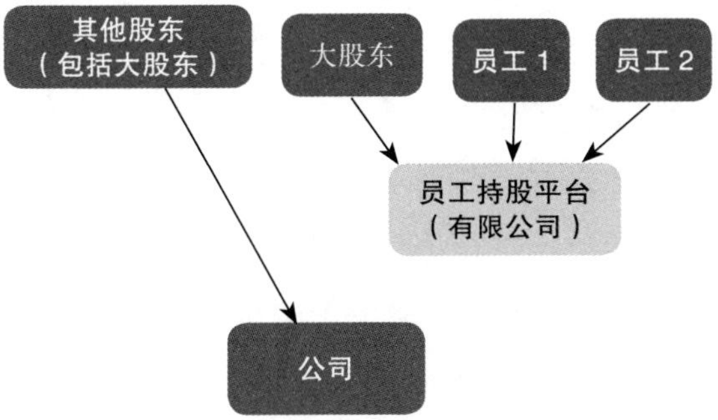

图5–3　有限公司间接持股

采取有限公司持有股权的企业，如果需要做出修改章程等重大决策，不需要凑齐所有股东签字，只需要企业法定代表人作为代表同意即可。

这样一来，将有效提高企业的决策效率。不仅如此，员工想要退出企业进行套现，必须通过有限公司才能完成。而有限公司将股权套现后，又必须采取股权回购、注销股本等方式进行套现，才能将套现的净所得分给员工，过程非常麻烦，能够在一定程度上抑制员工套现的想法，从而稳定企业结构。

从激励范围而言，根据规定，有限责任公司股东人数不能超过 50 人，否则会影响企业上市。

此外，为了保证期权池的运作，企业需要设置行权期。对于员工来说，过早兑现期权，公司股权激励成本会很高，而且激励效果不理想。控制好分配期权的节奏很重要。

可以将总行权期设置为五年，第一年工作满后才开始兑现，兑现比例为 20%，第二年到第五年则按年度兑现，根据业绩等指标设置行权条件，将员工利益和公司利益绑定，若员工离职则回购股权。

※期权池里的股权从哪里来

第一，老股转让。在这种方式下，由创始团队按照各自持股比例，进行同比例出让，汇集形成期权池。

第二，增资设立。在这种方式下，根据事先测算好的股权比例，直接对创业公司进行增资设立。

也不能说哪种方式好，哪种方式不好，具体情况需要根据商务谈判确定。如果股权来源于大股东，则与资本方没有关系；如果来源于增资设立，就要与资本方谈好后续的增资价格。

另外，期权池的设立时间一般是在第一轮融资之前，太早的话用不上，太晚的话影响融资。不过在实践中，也有公司在设置股权架构时，不考虑成本，一步到位，直接预留期权池，毕竟设置得越早，需要的手续越少，后期会比较省事。

5.3 分配机制：动态股权分配显价值

传统的股权分配主要是以资金为依据，即投多少钱占多少股份，多投多占，少投少占，而这其中存在的问题是，初期投资多的合伙人不一定会在公司后期发展中做出较大的贡献，而初期投资少的合伙人也不一定就不会在公司的后期发展中做出较大的贡献来。

如果有合伙人只是在公司的创立之初投了较多的资金，因此占据了公司较大的股份，此后他并未对公司的发展做出突出贡献，但依然凭借占据公司较大的股份而分得较多的利润，那么一定会引起其他投资者的不满。所以说，这种股权分配方式是不合理的。基于这种情况，动态股权分配方式应运而生。

动态股权制度是在传统股权制度之下衍生出来的一种全新的、能适应新的社会发展要求的股权制度。所以，它既与传统的股权制度有相似之处，也存在一定的差异。

与传统股权制度相似，动态股权制度的入股方式也可以是资金、技术、实物。但与传统股权制度不同的是，在动态股权制度中，这些入股要素的价值不是恒定不变的，而是会随着时间的推移、条件的改变而发生变化，如图 5–4 所示。

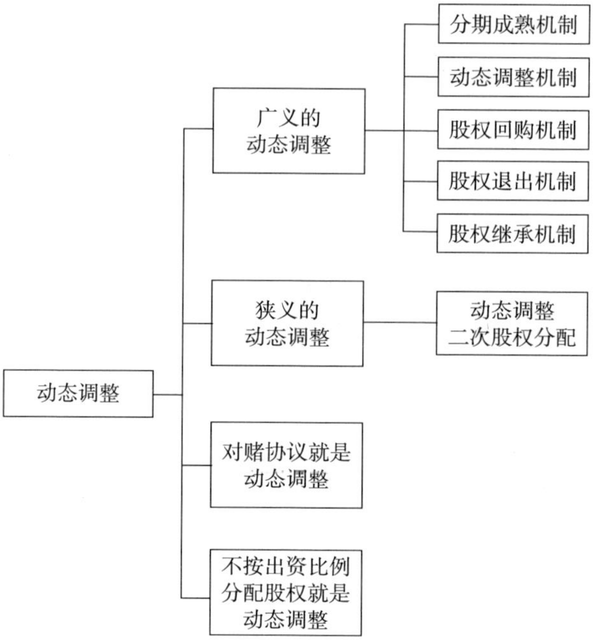

图5-4　动态调整的不同理解

传统股权分配的弊端

李明是一位吉他爱好者，一天，他萌生了一个念头，即想制作一个软件，让吉他爱好者在网上互相比拼、切磋。有了这个想法之后，李明便开始进行策划，经过一番周密的考量与计划后，李明觉得要做好这件事情还需要两位合伙人——一位负责与用户进行比拼和切磋，另一位负责数据的收集和统计。

因为李明自己本身就是一位资深的程序员，所以他可以全权负责软件代码的编写，然而既然是吉他切磋软件，那么就需要有一个精通吉他弹奏的人来提供原始的弹奏曲子，以及对用户的弹奏曲子进行基本的判断。除此之外，软件的用户数一旦达到一定的规模，还需要有人来专门对用户的喜好情况进行汇总和统计。

于是，他请来了自己的吉他老师和一位同事加入了自己的合伙阵营。他给了他的吉他老师40%的股权，自己与另外一位同事各占30%

的股权。在李明看来，这个软件是针对吉他切磋，因此提供吉他知识的老师的贡献是最大的，所以，他为做出最大贡献的吉他老师分配了最大的股权份额。

然而，随着时间的推移和技术的进步，该软件对吉他弹奏的依赖性大大降低了，而对程序的编写和数据的统计要求却越来越高。此时李明的朋友对此前的股份份额分配表现出了极大的不满，而吉他老师却坚持之前股权份额分配结果，并拿出了当初签订的股权份额分配协议书作为证据。最终，这个创业团队不欢而散。

显然，以上事例就是因为未能考虑到合伙人贡献的变化，没有提前制订合伙人的贡献追踪计划。

动态股权制度：充分考虑合伙人贡献变化

2004 年初，张三作为发起人，与李四、王五合伙组建了创业公司，公司的类目定位家居类。三个人之所以能够走到一起，则是因为各自不同的资源：

张三具备管理经验及资金资源，曾任职跨境电商企业高管，做新公司操盘手总经理，并投资 30 万元。

李四具备运营经验，且带来了两位资深员工，组成了一支成熟的全职运营团队，熟悉网站的操作经营，投资 10 万元。

王五具备资金资源，是张三的好友，基于对张三的了解与信任，同意出资 60 万元，且不参与公司经营管理。

如果简单地按照资金资源计算股份，则王五占比最高，具体的按资入股股权分配如表 5-1 所示。

表 5-1　按资入股股权分配

股东	定位	参与方式	投资额（万元）	投资入股占股比例（%）
张三	操盘手	出钱 + 出力	30	30
李四	运营团队	出钱 + 出力	10	10
王五	出资方	出钱不出力	60	60
合计			100	100

然而，基于跨境电商前期靠资金、运作之后靠运营人才价值贡献的特质，单纯地按资入股忽略了李四及其运营团队的贡献，必然会引起李四的不满。与此同时，不参与经营的王五占据控制权，也可能会影响后续发展。

因此，按照关键成功因素价值贡献——谁贡献谁受益原则，以及上述企业前期靠资金、后续靠经营团队的特殊性，按资金股占比 40%、人力股占比 60%、人力股分三年解锁来做股权架构设计（见表 5-2）。

表 5-2 按价值贡献入股股权分配

股东	定位	参与方式	投资额（万元）	投资入股占股比例（%）	资金股占比（40%）	人力股占比（60%）	3 年后占股
张三	操盘手	出钱 + 出力	30	30	30% × 40%=12%	36%	12%+36%=48%
李四	运营团队	出钱 + 出力	10	10	10% × 40%=4%	24%	4%+24%=28%
王五	出资方	出钱不出力	60	60	60% × 40%=24%	0	24%
合计			100	100	40%	60%	100%

这样的股权变化，既能平衡创始发起人、运营团队，又能平衡投资股东的利益。

人的本性是喜欢追求确定性，大多数创业者也不例外。

动态股权需要持续量化每个合伙人的贡献，在一个里程碑的节点，按照贡献份额分配股权比例，这就使得每个合伙人的股权份额充满了不确定性。

有可能公司的主要发起人最终并不是公司的大股东，而中途加入的某个合伙人由于其在公司发展中的突出贡献，后来居上，成为公司的真正掌舵者。

很多创业者虽然声称自己要拥抱不确定性，但是现实的情况是如果不是面临重大危机，没有人愿意置身于不确定性当中，因此很少有企业在创业之初就主动选择“动态股权”的制度设计。

但是，当企业发展受到固定比例的股权分配困扰，并且合伙人当中有人持股比例与所做贡献失衡导致严重的内部冲突或僵局出现时，创业团队就可以考虑尝试“动态股权”的持股模式。

随着越来越多的连续创业者出现，当他们在创业中饱受股权分配问题的困扰后，也许“动态股权”的制度安排会成为更多创业团队的选择。

动态股权制度：“实时保鲜”的股权分配机制

在某个创业项目中，甲、乙、丙三个创始人可以提供的要素分别为：企业整体的运营管理、具体的事务性工作及 20 万元的现金支持，且甲、乙第一年都不领取工资。另外，由于资金是该项目最为紧迫的资源，因此团队同意丙的投入估值按资金的两倍计算。

同时，根据当时的市场行情，在同等条件和职位下，甲、乙的年薪分别是 42 万元和 18 万元。如果每月评估一次，那么，第一个月甲、乙、丙的贡献分别为：甲、乙都是一整个月的工资，即 3.5 万元和 1.5 万元，并在第一个月花费 2 万元，作为购置云服务器、给付广告费等创业项目必需的开销。按照约定的两倍估值，丙的投入就是 4 万元。如此，到了第一个月月底，三方投入的总估值为 9 万元，股权比例分别为 38.9%、16.7%、44.4%（见表 5-3）。

表 5-3　甲、乙、丙三方投入估值及股权比例

	投入	年薪（万元）	第一个月投入计算（万元）	第一个月后股权比例（%）
甲	企业整体的运营管理	42	3.5	38.9
乙	具体的事务性工作	18	1.5	16.7
丙	20 万元的现金支持		4	44.4

随着企业的发展壮大，以及总投入的累加，各方每个月的投入估值为自己所增加的股权比例，会逐渐降低。例如，第一个月各方的总投入是 9 万元，到了第 11 个月月底则累加到 99 万元。那么，甲每个月投入 3.5 万元，在第一个月可为其增加 38.9% 的股份；到了第 12 个

月，即便其他人不再进行任何投入，甲增加的股份也只有 3.4% [3.5 万元 ÷（ 99 万元 +3.5 万元）=3.4%]。

第一，一项性能很好的产品却无人问津，那么这个产品多半太贵了。如果把“动态股权”设计作为一个产品来看，由于其需要量化每个合伙人的贡献值，势必需要设计一整套制度评价每个合伙人的各种要素投入，诸如资金投入、时间投入、其他资源投入、目标完成情况等，并需要对每一个要素进行客观评价以确定贡献值。

第二，有了制度设计还需要监督执行，“动态股权”的实施过程需要由专人定期负责统计各个合伙人的贡献值，并且需要监督每个合伙人的贡献值所对应的要素是否已经客观产生，这些实施和监督成本对于初创企业来说是很大的资源消耗。

第三，制度设计中还需要确定分配股权的里程碑事件，并在每个里程碑事件出现后设计动态股权分配的方案，确定分配的具体模式和方法。初创企业如果没有专业的律师或会计师帮助，很难完成这些相对专业而烦琐的工作。

创业初期，公司只能把有限的资源投入产品和市场，聘请专业的律师和会计师实施“动态股权”制度对于初创企业过于奢侈，因此面对高昂的实施成本，很多创业企业对于“动态股权”制度只能望而却步。

创业是一条艰辛曲折的漫漫长路，我们总是希望自己所在的团队能够坚如磐石，希望有一套公平合理的合作制度凝聚团队，以开放的姿态吸纳新的成员加入，“动态股权”无疑就是这样一套制度设计。它打破了股权分配一成不变的僵化体制，为股权分配建立了一套“实时保鲜”机制。但是当我们在使用“动态股权”制度时，同样必须看到“动态股权”面临的障碍，以及其所适用的场景和实施成本。

只有从更多的维度去思考一项制度，才能让一项制度得到更好的施行，真正帮助到那些需要它的人。

5.4
量化贡献：明晰责、权、利

我们常常可以看到这样的现象：创业初期，企业的几个合伙人往往身兼数职，哪里需要就去哪里，哪里出问题了就去解决哪里的问题。一旦企业步入正轨，走上良性的发展道路，合伙人权责利不清却给企业带来灭顶之灾。

既然是合伙开公司，那么每位合伙人都应该对公司负责，具体的表现就是参与公司运营的各项事务之中。然而，当合伙人之间的任务分配不明晰的时候，就容易出现推诿、扯皮的情况。显然，这些都是会阻碍公司发展的因素。因此，明晰合伙人的权、责、利，也就成为推动公司发展的保障性因素。

明确合伙人分工，保障公司发展

合伙人张某是创始人王某的同学，两人因有颇多共鸣而联合创业。在初创期，两人没日没夜地为拉客户、生产而工作，毫无怨言，彼此合作倒也算和谐，但随着企业的发展，特别是当企业成为当地的标杆企业后，张某便开始懈怠，工作常常拖拖拉拉，甚至把该见的客户忘得一干二净。而李某几乎承担了企业所有的分工、执行、决策的工作，常常累得筋疲力尽。

而在每年股权分红中，张某按股权比例拿的分红一分不少，这就让创始人李某感到不公平，心里的疙瘩越结越大。最终两人矛盾爆发，不欢而散。

之所以会出现上面这种结局，就是因为他们没有一个“干活的规则”。企业在起步阶段，大都有着较好的发展前景；然而随着企业的逐渐发展，很多问题开始暴露，比如责任不够明细、分工不够明确等，这些问题随着企业的发展如滚雪球般变大，最终闹到不可收拾。

小米团队：分工明确，合作无间

2010 年 4 月，雷军创立了小米。如今，小米的市值已经有上千亿美元，成为手机行业的巨头之一。

纵观小米的发展史，其合伙人之间的配合、合作起到了关键作用。小米共有七位合伙人，他们分别是：雷军、黎万强、洪锋、黄江吉、林斌、周光平、刘德。这七位合伙人，创业前都在微软、摩托罗拉、金山等业内顶尖公司担任高管，被业界称为“豪华天团”。

如此声势浩大的合伙人团队，是如何在保持各自个性的情况下协力发展小米的呢？

雷军在一次采访中表示，在他的企业里，合伙人都是各司其职、各尽其责。具体来说，这七位合伙人都各自负责各自的领域，独当一面。如果企业没有重大的决策事项，他们彼此之间几乎不知道对方在做什么。这样做的目的是保证决策能在最短的时间内完成，提高执行力。

就是这样简单明了、分工明确的“干活规则”，让小米的七位合伙人既彼此合作，又互不约束，使得小米在中国手机市场上站稳了脚跟。

对于中小企业合伙人的股权之争，分工不明、权责不清是最大的诱因之一。我们的传统观念认为，既然大家是合伙人，就说明大家都

是企业的老板，都能说了算。恰恰是这种思维，让中小企业合伙人之间权责不清、分工不明，管理混乱不堪。虽然我们无法复制小米的“豪华团队”，但我们可以从其“干活规则”中挖掘值得我们学习的东西。

图 5–5 和表 5–4 是某公司的股权结构与具体责权利分配。

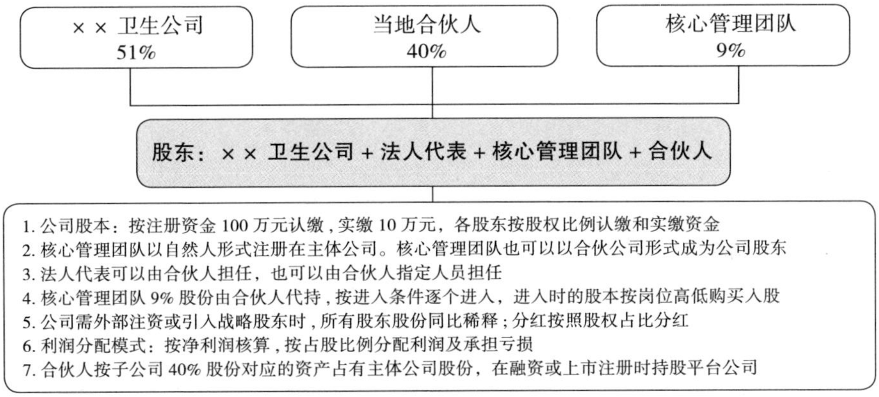

图5–5　某公司的股权结构

表 5–4　某公司具体责权利分配

身份	责	权	利
公司	品牌打造、营销策划、管理体系、运营标准、软件系统、客户管理、企业资质、团队培训、生产技术	运营标准、财务监督、51% 股权	51% 分红、同比例承担亏损
合伙人	客户开发、资源对接、关系处理、经营管理、团队管理、财务管理	子公司用人权、财务权、40% 股权	40% 分红、同比例承担亏损
管理团队	客户开发执行、客户管理	管理策略执行、销售策略执行、9% 股权	9% 分红、同比例承担亏损

根据企业情况、合伙形式的差异，每家合伙制企业的“干活规则”都有所区别。但无论如何，合伙协议中必须明确职权，并且在日常运营管理中做到不越权、不滥用权利。

一般而言，最普遍实行合伙制的就是中小企业或轻资产型企业，下面以电商企业为例，来说说“干活规则”。而这些企业中，最重要的三个职能部门就是销售部、客服部和产品部。因此，以这三个部门为例，来探讨电商企业干活规则的制定方法（见表 5–5）。

表 5–5　销售部、客服部和产品部干活规则

部门	岗位	干活规则
销售部	销售主管	建立并监督公司内部的销售管理各项规章制度
		根据市场发展目标和情况，制订合理的销售计划并验收达成率
		不定期做销售日常管理工作，如人员分配、账号调配及后台运营管理
		负责销售部文件档案、图片等管理
		制定销售月报表，召开销售会议及督促落实会议内容
		根据销售员提供的新品信息，协助产品部门做好产品开发工作
		负责日常考勤、业绩考核的发放与监督
		部门经理安排的其他工作
	销售组长	负责协助销售主管的日常工作
		执行、推广公司文化及价值观，对本组销售人员进行培训及指导
		负责组织本组销售人员执行销售主管下达的销售计划
		负责每天对销售人员所管辖的店铺进行现场指导、监督工作
		随时掌握本组销售人员的销售动态，协助处理工作中的问题，及有效地调动本组人员的销售热情
		加强各部门的沟通，确保该小组工作正常进行
客服部	客服主管	负责部门各项管理职能实施的监督检查，对客服团队人员进行培训、引导及管理，并制定合理的客服流程
		负责协助部门经理组织部门客服按组别工作要求落实各项日常性的工作，保证公司服务工作的质量
		负责依据相应法规、行规及各大平台售后服务标准进行监督与实施，制定顾客投诉受理规定标准
		编制顾客投诉部门的工作目标及计划，并分解落实
	客服专员	制定客户档案，建立客户关系维护相关办法；利用工具向客户发送促销及新品信息
		负责客服团队的日常管理、监督、指导和评估
		制定客户服务规范、流程和制度
		制订客服培训计划并落实，通过培训不断提高客服人员的业务技能

续表

部门	岗位	干活规则
产品部	产品主管	制订产品研发人员开发技能培训计划
		制订产品开发方案及推行计划，决定产品及开发小组工作分配和开发成果的衡量审批
		根据公司总体战略规划及年度经营目标，围绕市场需求，落实产品研发计划
		根据产品开发计划，选出可行性较高的新产品作为开发对象，提出开发立项；广泛收集产品的市场信息，根据行业标准及市场推广需求，制定新产品开发标准
	产品专员	形成所开发产品的档案信息
		了解产品生产能力、优劣、同行销售情况并初步分析市场潜力
		熟悉所开发产品的相关知识，如产品的材质、适用范围、价格参数、特性及产品知识产权
		了解市场行情、关注行业动态、了解相关产品变化，随时更新已开发成功的产品信息

俗话说“没有规矩，不成方圆”，中小企业在创业初期，就制定合伙人之间的“干活规则”，明确各自的权责，能有效避免以后分工不明造成的股权之争。确切地说，“干活规则”就如同合伙人的“行动纲领”，不论是共担风险、共享利益，还是共同投资，每个合伙人都必须严格遵守。

正确的“干活规则”应参考每个合伙人的经验、优势和做事风格，根据企业的需要让他们各尽其职，合理分摊责任，以避免重复劳动，提高工作效率，达到人尽其才、物尽其用。

中小企业在制定“干活规则”时，必须遵循以下三大原则：

（1）权责要明晰

在“干活规则”里，合伙人之间的分工越明确，彼此合作就越有成效，引发股权之争的概率就越小。

中小企业特别要注意，在“干活规则”里要对合伙人的各个层面进行深入的探讨，明确每个合伙人的权责。哪里是合伙人的权责范围，哪里是自己的权责范围，对范围内的所有工作进行细化。

比如，你的合伙人是负责技术的，那么你就要在“干活规则”里明确他是否负责技术研发、技术创新或技术生产等问题。

（2）良好的沟通机制是基础

管理学大师德鲁克曾说：“做企业管理，最重要的除了沟通，还是沟通。”合伙人之间想要和谐合作，必须在“干活规则”里加入沟通机制。

合伙人之间由于知识结构、做事方法、性格习惯等各不相同，所以在对待同一个问题时会有不同的想法。如果做不到有效沟通，那么很可能会产生分歧，最终影响决策的执行。

所以，为了合伙人之间的和谐合作，要在“干活规则”里加入沟通机制，大致包括什么时候沟通、如何沟通等内容。

（3）确认目标规则

在“干活规则”里还有一个重要规则是：坚持共同目标，求大同存小异。通俗来说，这就好比结婚，如果对方与你的价值观不同，在生活习惯、思维方式各方面都无法与你达成一致，那么这样的婚姻势必矛盾重重，而且几乎是不可调和的。

合伙人之间也是如此，只有遵循一个共同的目标，才能在大局上把握好方向。

在“干活规则”里要写清制定目标的流程。一家运动器材企业有五个合伙人，在制定公司目标时，他们往往会请专业管理人士做出方案。某次的方案是在半年之内将精力放在虚拟设备开发上，针对这个目标，众合伙人开会商议，其中有三个合伙人赞同，另外两个合伙人各持己见，提出了自己的想法，并且借由数据和图表等方式来分析自己的想法。在听取了这两个合伙人的想法之后，合伙人们再次进行了商议，最终投票决定了公司的发展目标。

创始人合伙创业，有的提供资金、有的提供场地、有的提供技术能力、有的提供销售渠道、有的提供融资资源，各个创始人有不同的贡献，各个贡献性质不同，似乎完全无法等价对比。如果没有明确的标准，很难说研发就比销售更重要，也很难说拉来投资的工作就比提供办公场地的贡献更大。所以，创始人如何分配股权，往往成为一个难题，不得不通过“拍脑袋”的方法划分比例。这经常会造成不满的情绪，并在创业最艰难的时候爆发。

有没有一种方法可以在同一维度上，量化创始人的各种贡献呢？如果能按一个统一的计算单位量化各个创始人的不同贡献，创始人在分股权时或许会稍微科学客观一些，至少能让大家更信服、让团队更团结。

对于创始人对公司的投入，公司本应该给予合理的回报，如果公司没有给予足够的回报，该给但没有给的部分，就是创始人留在公司里的价值，就是创始人对公司的“投入”或“投资”。比如，按照市场行情，创始人的工资应该是每个月 2 万元，创业时创始人只领了 5000 元的基本生活费，那么还剩 1.5 万元是他应得但公司没有付的，这部分就相当于他对公司的净投入，是他对公司的“投资”。对于他在公司中应该占有多大的股权，就可以参照他的这种“投资”占大家总“投资”的比例来计算。这种计算方式可以称为估值法，即按照创始人投入的“市场价值”来评估其股权比例。各种不同的资源投入见图 5–6。

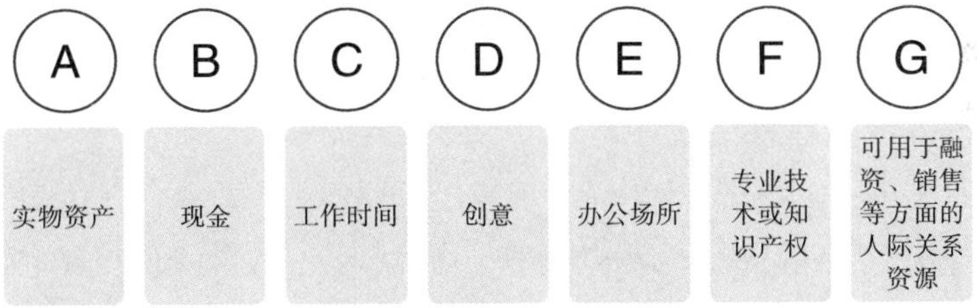

图5–6　各种不同的资源投入

按照估值法，要在创始人之间分配股权，应当先折算创始人对创业企业各种投入的价值，加起来计算总投入的价值，然后再折算每个人的投入价值占总价值的比例。比如，我投入了研发工作，估值为 20 万元；我投入了资金，估值为 10 万元，所有人的投入总估值为 100 万元，我的贡献比例是 30%，我的股权比例就是 30%。因此，这种股权分配方法最主要的一个环节，就是估算各种投入的价值。

（1）实物资产

创始人向企业提供实物资产，通常可以视为现金投资，因为实物实际上是用现金购买来的，是现金的另外一种形态。但这样的实物资产，必须至少满足下列条件之一：

• 创业企业主营业务所必需的核心资产。

比如，创业项目是互联网项目，为项目而租用的网站服务器就是核心资产。但是，如果为了中午在办公室热饭方便，而从家里搬来一台微波炉，这个微波炉就不是必需的核心资产。初创阶段，任何资产都要以“创业非常需要”为原则。

• 专门为创业企业的经营而取得的。

比如，专门为创业企业经营购买的电脑、办公桌、办公用品等。如果是顺手从家里旧货堆里找来的旧电脑、多余的文具，就不属于专门为创业企业而购买的。

那么，如何计算实物资产的价格呢？尽管专业评估师通常有成熟的计算方式，但是创业者可以自己简单折算一下。比如：如果实物资产是全新的，或者实物资产购买的时间很短、几乎没有怎么折旧，可以按购买价来计算；如果实物资产已经折旧很厉害了，可以按当前可以卖出的价格来计算。

创业并非一朝一夕的事情，在创业过程中，每个合伙人都应当不断为创业公司提供资源与贡献力量，为创业公司的成长保驾护航，因此权力和利益的分配也需要倾向能够长期为创业公司贡献的合伙人。可以适当按年度、项目进度或融资进度等逐步分配合伙人股权，从而规避短期现象的发生，保障公司经营理念统一、稳定发展。

（2）现金

现金的价值最为明确，根本不需要进行市场估值，金额就说明了一切。所谓万事开头难，创业企业在起步阶段非常艰难，对于现金的需求是很迫切的，尤其是在看不到任何前景的情况下，现金的意义非同凡响；而随着公司的进一步发展，明朗的前景吸引了众多的投资人前来投资，此时资金来源有了可选择性，现金的重要性也就降低了。所以，创业之初投入现金的价值一般大于实际金额。

（3）工作时间

工作时间上的投入，是创始人对公司最主要、最重要的贡献。如何计算创始人时间投入的价值呢？最合理的方式是按照人才市场上通常的工资标准来折算。比如，以他这样的学历和职业背景，在类似的工作岗位上，通常其他公司会开出多少工资，这个工资就是他的时间价格。

一方面，如果创业企业一开始就给他发了这样的工资，那么相当于他对创业企业没有任何投入，只是个被雇用的劳动者。这样的人，就不是创始人，也不是在创业，只是在打工而已。

另一方面，如果创业企业给他的股权，达不到他在其他企业的工资标准，他很可能就不会选择来创业，而更可能选择在其他公司工作。他选择创业，一定是他认为获得的股权的潜在价值大于他为别的公司工作所得的工资。

具体而言，针对创始人在创业企业干的工作，如果市场行情是月收入 2 万元，他一分钱工资也不拿，那么就相当于帮创业企业省了 2 万元的工资成本，或者说创业企业赚到了价值 2 万元的人力投入。这个 2 万元就是他对企业的人力贡献的价值。

相应的，如果他领了 5000 元的月薪，那他的贡献就只剩下 1. 5 万元。简单地说，就是以创业企业“本应该发给他但是没有发给他的工资”作为他的投入。

如果他是兼职创业，就按照兼职人员的市场工资标准折算他的投入。如果他通常按月工作，还可以把月工资折算为日工资、小时工资，按实际工作的天数、小时数来折算他的投入。

（4）创意

这里所说的“创意”当然不是指单纯的创业点子或是初步想法，

因为那其实并不具备太多价值；而是指在单纯的创业点子的基础上，经过反复的思考和研究，最终所形成的较为成熟的商业方案；或者是初步想法已经得到了基本的落实，并开始了原始产品的开发。能够让人看到市场前景的创意才算得上有价值的贡献，才能够对其进行估值。

有一个创业的点子并不难，难的是把这个点子转化为成熟的商业方案，而这个转化的过程需要创业者做大量的前期工作。一般而言，对这些工作的前期投入都会被视为对公司的“投资”。

（5）办公场所

创始人可能会向创业企业提供办公地点、仓库、店铺，以及其他一些创业企业经营所必需的场地。如果创业企业急需这些场地，而创始人不提供的话，创业企业就不得不自己去租，在这种情况下，创始人向创业企业提供场地实际上也就是向企业提供了相当于租金的资金。所以，创业企业应该给但没有给的租金，就是创始人对创业企业的投资。

当然并非所有的场地都可以折算为对公司的价值，有的场地不能用来估值：

第一，超出需要、对公司没有价值的场地。比如，公司只有 5 个人，只需要 30 平方米的办公室，创始人提供了 500 平方米，那多出的 470 平方米，对公司就没有任何价值。

第二，创始人提供的场地本来就不能为创始人创造利润。如果创始人本来就没有把这个场地用于经营活动、不能为自己带来现金收益，那么这个场地也不能折算价值，因为创始人把它提供给创业企业，并没有导致自己利益受损。

（6）专业技术或知识产权

创始人向创业企业提供的专业技术或知识产权的市场价值，就是创始人对公司的投入。

如果创始人不愿意把知识产权转入创业企业，只希望授权创业企业使用，那么知识产权许可使用费也是创始人对公司贡献的价值，可以按照企业“应该支付但未支付”的许可使用费，计算知识产权许可使用的价值。

（7）可用于融资、销售等方面的人际关系资源

公司在发展壮大的过程中，在融资、销售等方面会用到一些人际关系资源，通过这些人际关系来实现融资目标、寻找合作伙伴并建立合作关系、打开销售的渠道等。有的合伙人正好有这样的资源，能够为公司节约建立人际关系的成本。

针对这一方面，企业可以从人际关系带来的不同收益出发，采用不同的估算方式。比如，如果合伙人的人际关系为企业打开了产品销量，企业应给予一定的提成，该给却未给的提成可视为合伙人对企业的投入；如果合伙人的人际关系使企业实现了融资目标，企业应支付一定的佣金，该给却未给的佣金可视为合伙人对企业的贡献。

总而言之，对于创业企业来说，合伙人所能提供的所有资源，只要是企业发展运营所需要的，企业又不能或不愿用现金回报的，都可以将该给未给的那部分视为合伙人对企业的“投资”。

5.5

大股东牵头：避免被平均分权

近年来，股权分配问题导致企业遭遇重大危机，甚至核心管理层被架空而集体出走的事件接连发生，宝能、华润及以王石为首的万科核心管理层之间的控制权之争，更是让股权分配成为社会各界关注的焦点。

企业的创始人往往是公司的 CEO，在股权占比中，CEO 一定是核心股东，占比较大，一般会超过 50%，较大的企业和特殊结构的企业除外。在中小企业中，创始人和联合合伙人之间的股权不要太接近，创始人要绝对控股。

创始人和联合合伙人的最常见的股权分配如图 5-7 所示。

国内的一个经典案例就是唯品会。

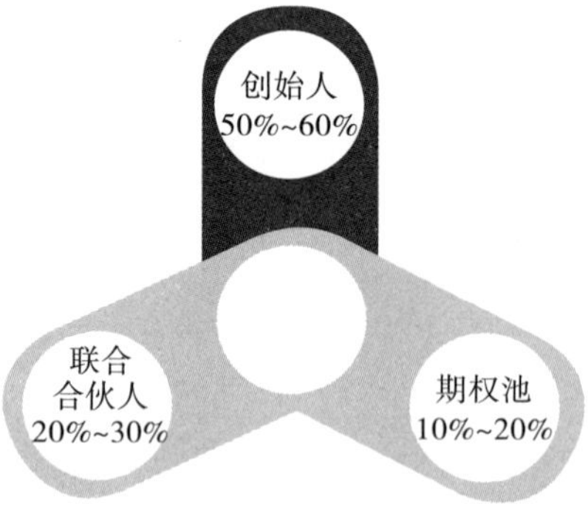

图5-7　创始人和联合合伙人的最常见的股权分配

唯品会发展关键：创始人的绝对控股

2012年，唯品会在美国成功上市，企业市值翻了5倍。唯品会的成功离不开创始人沈亚的领导，沈亚作为唯品会的CEO，拥有绝对的控股权，占企业56.5%的股份。这样的股权设计，可以让沈亚在做任何决策时都不受其他合伙人的控制。试想一下，如果没有沈亚的绝对控股权，那么他所做的决策就不能很好地被执行，企业就会像一只无头苍蝇，在发展过程中失去方向。那么，唯品会也不会有如今的成就。

在美国，即使创始人平分股权，公司也能发展起来，而在中国，情况却截然相反，一股独大的股权分配模式更有利于企业的成长。国内比较成功的企业一般都采用这样的股权分配模式：有一个大股东是公司的领头羊及决策的中心，其承担最大的责任；还需要有能与大股东形成能力和资源互补的合伙股东，人数在1~2个，股权占比为10%~20%，可以发出不一样的声音，对大股东形成一定的制约，对公司发展具有一定影响力。这样的模式既能保证有人承担责任和做最终决策，又可以保持公司内存在不一样的声音。

在股权分配问题上，绝不能采用平均主义。很多情况下，初创企业的创始人往往是关系比较密切的同事、同学、亲戚等，在股权分配上热衷于采用平分股权的方式。起初由于企业更加专注于产品及开辟市场，可能不会出现太大的问题，但会为企业后续的发展埋下祸根。

合理分配股权，避免平均主义

雷军在创立小米之前，也曾与三个同学一起创办过一家企业。当时谁也不清楚应该如何分配股权，最后大家协调决定采用如图5-8所示的股权分配方法。

结果，这样的股权分配导致一连串的问题出现：因为股份占比一样，在企业里没有人说了算，使得雷军非常被动。其他合伙人总认为，

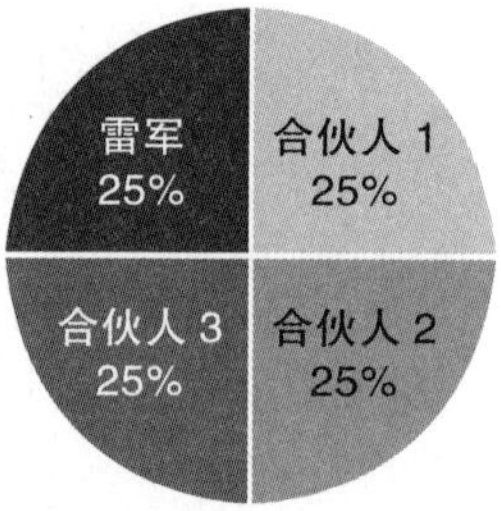

图5-8　雷军创办的第一个企业的股权分配

企业出现的一切问题都是雷军的问题。最终，企业倒闭了，雷军的第一次创业也宣告失败。

雷军的第二次创业，也就是创立小米，因为有了前车之鉴，雷军吸取了经验教训，在分配合伙人股权时，采取了如图 5-9 所示的股权分配方法。

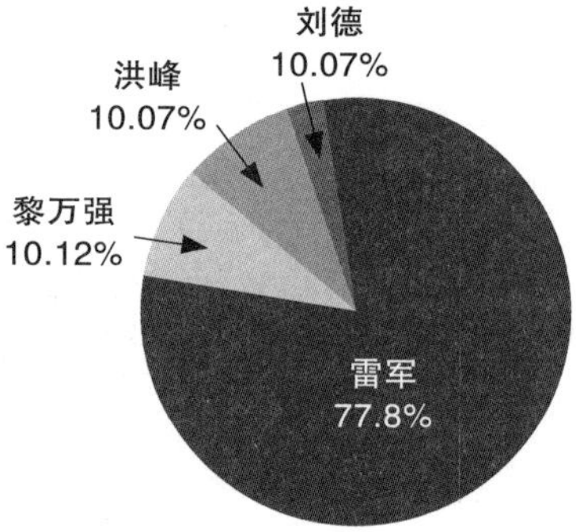

图5-9　小米的股权分配

或许，正是有了雷军这样的股权分配，才使得每个合伙人能劲往一处使，也让小米一路水涨船高。

羊群走路靠领头羊，创业也需要有带头大哥。合伙人团队中最怕没有大家都信服的老大，企业的老大不清晰，企业股权设计就是失败的。

团队的“老大”的主要责任是看方向、招募人员、寻求融资、制定企业规则并鼓励每个员工奋勇向前。当然，最重要的还是看方向，无数企业的失败都源于领导人错误的方向指引。

公司老大只有拥有了控制权，在与公司股东会和董事会的博弈中，才能拥有话语权，才能够掌控公司，创业公司才不会沦为赌徒手里不断转售的纸牌。而那些没有明确老大的创业团队，看似平等民主，实则会严重影响企业的决策效率，时间长了，甚至会引发创业团队内部的股权战争。

创始人要想控制公司，最简单、直接、有效的办法是掌握控股权。掌握非上市公司的控股权在操作上相对容易，而对于经过多轮融资的公司，或是已经上市的创业公司，创始人和创始团队的股权已经被充分稀释，极少有人能掌握控股权，常见的情况是核心创始人作为公司的最大股东而存在。

上市以后，创始人持有多少股权才算是比较合理呢？表5-6是一些国内外知名上市公司创始人的持股情况。

表5-6 知名上市公司创始人持股情况

公司及创始人	持股比例（%）
Facebook——扎克伯格	23.55
谷歌——佩奇、布林	14.01、14.05
百度——李彦宏	22.9
阿里巴巴——马云	7.8
腾讯——马化腾	14.43
京东——刘强东	20.46

可见，上市公司核心创始人的股权多在20%左右。

Facebook：确保创始人掌控公司，保证公司长远利益

Facebook的合伙人之间是这样分配股权的：开发者与领导者是马克·扎克伯格，占股65%；爱德华多·萨维林懂得怎样把产品变成钱，占股30%；达斯汀·莫斯科维茨则在增加用户上贡献卓著，占股5%。

不过，Facebook起始阶段的股权安排为日后埋下了隐患。由于萨维林不愿意和其他人一样中止学业全情投入新公司，而他又占有1/3的股份，因此，当莫斯科维茨和新加入公司但创业经验丰富的帕克的贡献与日俱增时，就只能稀释萨维林的股份来增加后两者的持股，而萨维林则以冻结公司账号作为回应。A轮融资完成后，萨维林的股份降至不到10%，怒火中烧的他将昔日伙伴告上了法庭。萨维林之所以拿那么高股份是因为他能为公司赚到钱，而公司每天都得花钱。但扎克

伯格的理念是“让网站有趣比让它赚钱更重要”，萨维林想的则是如何满足广告商要求从而多赚钱。短期看，萨维林是对的，但这么做不可能成就一家伟大的公司，扎克伯格对此心知肚明。Facebook 正确的做法应当是早一点寻找天使投资，就像苹果和谷歌曾经做过的那样。新公司在确定产品方向之后，就需要天使投资来帮助自己把产品和商业模式稳定下来，避免立即赚钱的压力将公司引入歧途。Facebook 的天使投资人是帕克的朋友介绍的彼得·泰尔，他注资 50 万美元，获得 10% 股份。这之后，Facebook 的发展可谓一帆风顺，不到一年就拿到了 A 轮融资——阿克塞尔公司投资 1270 万美元，公司估值 1 亿美元。7 年后的 2012 年，Facebook 上市，此时公司 8 岁。

Facebook 在上市时使用了投票权 1：10 的 AB 股模式，创始人马克·扎克伯格一人拥有 28.2% 的表决权。此外，扎克伯格还和主要股东签订了表决权代理协议，在特定情况下，扎克伯格可代表这些股东行使表决权，这意味着他掌握了 56.9% 的表决权。可见，Facebook 的股权架构确保了创始人掌控公司，保证了公司的长远利益。

如图 5-10 所示，在股权分配中，要保证创始人的控股权，一般从三个方面着手。

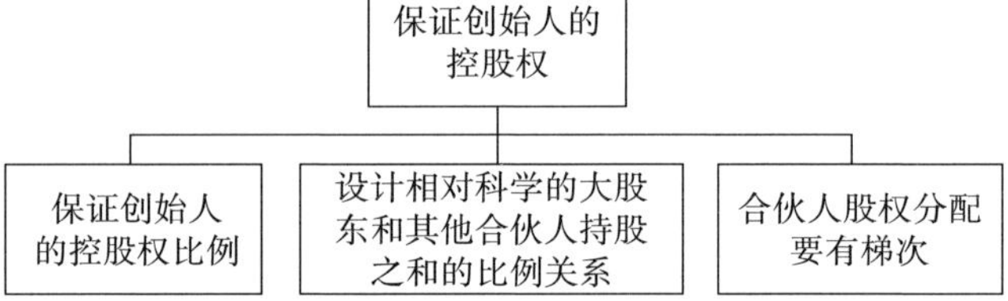

图5-10 保证创始人的控股权

当然，在不控股的情况下，创始人也可以掌握公司的控制权。比如，投票权委托、一致行动人协议、有限合伙、AB 股计划等，都可以是备选方案。京东上市前用的是投票权委托，上市后用的是 AB 股计划，上市前后无缝对接。

这是相对的“失控”，这样公司才能挣脱创始人的局限性所形成的束缚，具备爆发性裂变的基因和可能性。

控制中有失控，失控中有控制，这才是公司控制的最高艺术。

5.6
股份绑定：逐年增加兑现比例

初创企业仅仅在股权的分配比例上达成一致还不够，还应确保每一个人在拿到股份之后仍能够保持之前的工作热情。创业公司股权的真实价值是将合伙人与公司长期绑定在一起，合伙人通过长期为公司提供服务来获取股权，也就是根据创始团队成员的工作年限逐步兑现股权。其背后蕴藏的道理非常简单：创业公司的成长与成功是所有人共同努力的成果，如果某员工不再为公司服务，就不该再继续享受其他员工创造出来的价值。

分期兑现：限制合伙人股权处置权限

某创业公司有三位股东，张三出资500万元，李四出资300万元，王五出资200万元，并约定“出多少钱占多少股”。公司运营一年后，李四因与张三、王五理念不合，提出离职，于是问题出现了，李四出资300万元占了公司30%的股份，怎么办？李四不同意退股，理由很充分：第一，这30%的股份是自己真金白银花300万元买的，退了，不合理；第二，《中华人民共和国公司法》和公司章程都没有规定股东离职还要退股，退了不合法。张三和王五深感不平，却无计可施。他们确实没有理由把李四的股权收回来。当然还有另外一种可能，李四同意退出，但各方对转股价格的分歧，导致退股遥遥无期。李四退出公司运营后，对公司价值再无贡献，占股比例如此之大，势必导致股权结构畸形。股权是公司机器运转的原动力，动力系统出问题，将严重影响公司的后续发展，这该如何是好？

我们是否可以换一种方式思考问题，如果创业之初持股比例必须固化，是否可以在调整机制和退出机制上做文章。比如针对创始人 20% 的股权，在公司创始时，就马上采用分期兑现的方式。剩下其中的 80% 分四年兑现。依此约定，如果李四一年后离开，他会拿到 30%×20%=6% 的股权，加上创始时的 6% 的股权，共 12% 的股权。剩下 18% 的持股将被其他股东以对应的原始出资价格回购。

在美国，初创企业对创始人持有的股权股票都设置了股权绑定机制，按照创始人在公司工作的年数或者月数逐渐兑现。

按照股份绑定机制设置，任何人都必须在公司做够起码 1 年才可持有股份（包括创始人）。好的股份绑定计划一般约定 4~5 年。比如创业初期，我们给一个合伙人 20% 的股份，可以约定 4 年分期兑现，每满一年拿走 5% 的股份。当然我们还可以约定一辈子绑定股份，不是 3 年或 5 年。你要离开公司，不在公司全职工作，你的股份要以约定好的价格被其他股东回购或被公司回购。

股权分期兑现限制了合伙人的股权处置权限，但不影响合伙人的投票权和股票红利。如果合伙人提前退出企业，企业将收回尚未兑现的股权。对于已经兑现的股权，视合伙人的离职原因，不同企业也有不同的处置方法。

在中国当前的市场条件下，大多数的初创企业规模较小，注册资本普遍不高，投入 50 万元左右就可开设一个企业。初期的货币贡献只能解决企业最基础的资本问题，管理团队则为企业的发展做出了更为重要的贡献。创业团队的经营管理是项目取得成功的主要因素。为此，初创企业要发放限制性股权，并设立股权的分期兑现机制，将限制性股权的兑现条件和服务年限挂钩。

四种通用的分期兑现方式如图 5-11 所示。

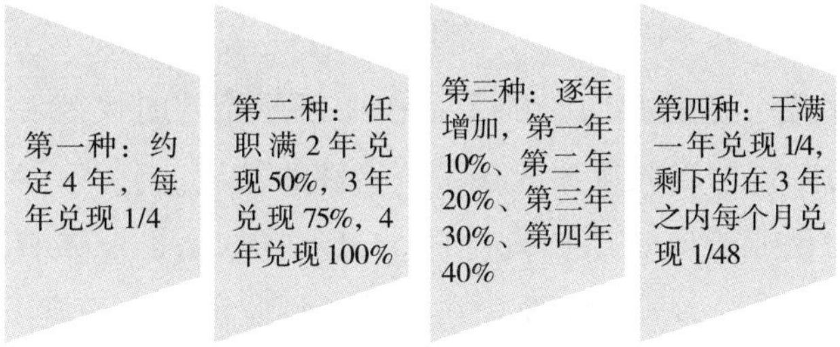

图5-11　常见的分期兑现方式

以上四种兑现方式的前提条件是合伙人在企业的服务年限最低也要满一年。为公司服务的时间越长，获得的股权收益也就越多。利用这种股权分期兑现的方式，将创业合伙人和企业的发展牢牢地绑在一起。

中国的创业公司鲜少运用股份绑定，这样也就埋下了很多隐患，甚至最终导致创业失败。那么股份绑定有什么优点呢？

第一，避免有些人提前离职，带走股权。

有些人加入公司两周后就离开，然后还认为仍然拥有公司的股份。假如公司实施股份绑定，那么根据约定，这些股份还没有真正属于他，他无权带走。

第二，股份绑定可有效规避合伙人之间出现股份分配不公平的情况。

例如，最初大家大多拍脑袋订立股权分配比例，但项目进行一段时间之后，发现之前股权分配较少的乙对项目的贡献比股权分配较多的甲要大，董事会可与甲、乙商量后做出决议，对还没有授予双方的股份进行重新分配，甲、乙都会比较容易接受。因为已经授予的股份不变，而且如果一方不接受离开公司，也有明确公平的已经授予的股份。

股份绑定可以称得上一种比较公平的方法，因为合伙人都明白：创业公司是大家通过付出努力和心血一点一点地堆砌起来的，付出最多的人就应该得到相应的回报，避免有些投机取巧的人在离开公司后还拥有公司的股权。

没有遇过股权纠纷的创业者认为，股份绑定可能会影响自己对公司股权的拥有，担心自己在项目中如果不能发挥价值就会失去自己的股份；而那些有过股权纠纷的人会在项目开始的时候就和合伙人协商股份绑定的方式，以此避免股权纷争事件的发生。

早期的创业者应该明白这样一个道理：如果创业项目能够获得成功，那么即使 1% 的股份也要比在失败的创业项目中拥有 100% 的股份值钱得多。

总之，股份绑定就是：做了，应该给的股权给你；不做，就不能给。股权要留给真正做的人，避免一些创始人离开公司后手上一直还有公司股权，不劳而获。

06

分股不分权的 6 种方法

▼

有一些企业家既渴望通过分享股权来做大做强企业，又非常惜股，生怕丧失控股权，在分股与不分股间纠结，错失了股权分配的最佳时机。其实分股并不等于分掉话语权。股权里包含两种权利：财产权（钱）和话语权（权）。钱与权可以合二为一，也可以分而治之。

6.1
多层控股公司架构：股权和投票权分离

多层控股公司架构，又称金字塔股权架构，是指公司实际控制人通过间接持股形成一个金字塔式的控制链，从而实现对该公司的控制。在这种方式中，公司控制权人控制第一层公司，第一层公司再控制第二层公司，以此类推，通过多个层次的公司控制链取得对目标公司的最终控制权。故其别称金字塔股权架构实际上是一种形象的说法，即多层级、多链条的集团控制结构。

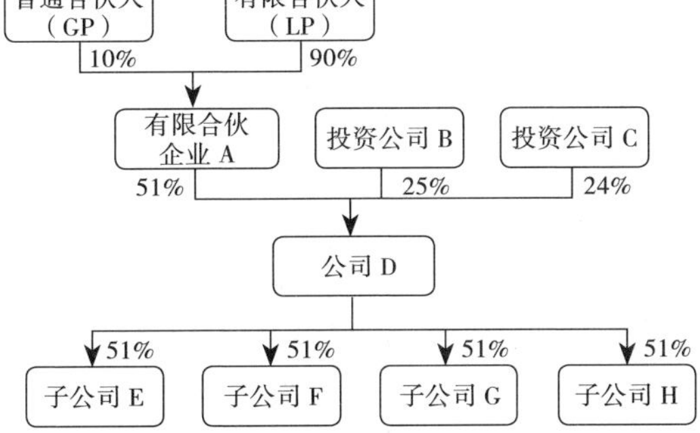

图6-1　金字塔股权架构

通过图 6-1 我们可以发现，普通合伙人只有 10% 的股份，然后通过合伙企业对公司 D 进行掌控，同时也掌控了 D 公司旗下的 4 个子公司。也就是说，这位普通合伙人手里只持有公司 D 的 5.1% 的股份，却牢牢掌握着公司 D 和旗下 4 个子公司的命运。

统计资料显示，在我国 IPO 企业中，75% 的企业的股权结构体现出多层控股公司架构的特点，特别是在民营上市公司中，有将近 94.51% 的企业采用此架构。

※多层次、多链条的集团控制

在多层结构中，最上面的层级是实际控制人，中间的层级是加杠杆的持股公司，下面的层级是实际经营公司，即目标公司或（拟）上市公司。该架构通过从顶端的实际控制人到底端的实际公司，实现了市场上的钱权平衡，层级越多，控制链条越长，实际控制权人的分红权和控制权分离度就越高，实际控制权人剥夺其他股东的利益就会越大。

我们来看一个金字塔架构案例——在 A 股主板上市的天士力。

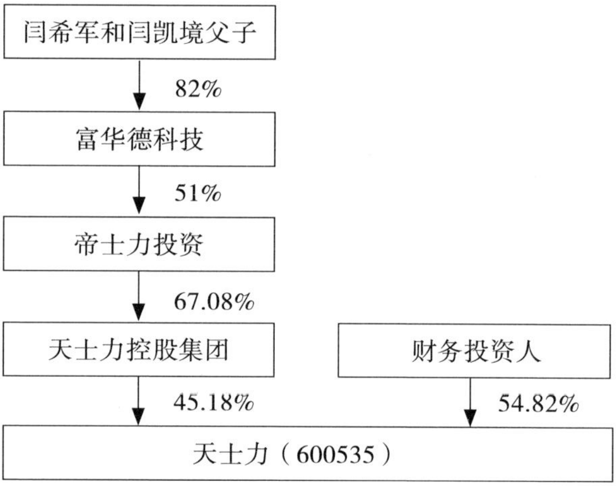

图6-2 天士力的金字塔架构（2018年底）

天力士的股权架构

通过图 6-2 我们可以看到天士力的实际控制人闫希军和闫凯境父子的终极控制权为 45.18%，但其现金流权仅为 12.67%（45.18%×

67.08%×51%×82%)，两权差值为 32.51%。其中控制层级为 4 级，控制链个数为 1 个。

金字塔架构是上市公司实际控制人经常采用的架构方式，通过金字塔架构可实现只用少量现金流权控制上市公司以方便资本运作。

美的集团股权架构

美的集团的注册资本为 5 亿元，佛山市顺德区天托投资有限公司和佛山市顺德区利迅投资有限公司分别拥有 55% 和 45% 的股权。其中，天托投资有限公司由何亨健和他的儿媳卢德燕分别持有 90% 和 10% 的股权，利迅投资有限公司则由张河川（美的电器总裁）、栗建华（美的集团投资总监）和袁利群（美的集团财务总监）分别持股 34%、33% 和 33%，如图 6-3 所示。

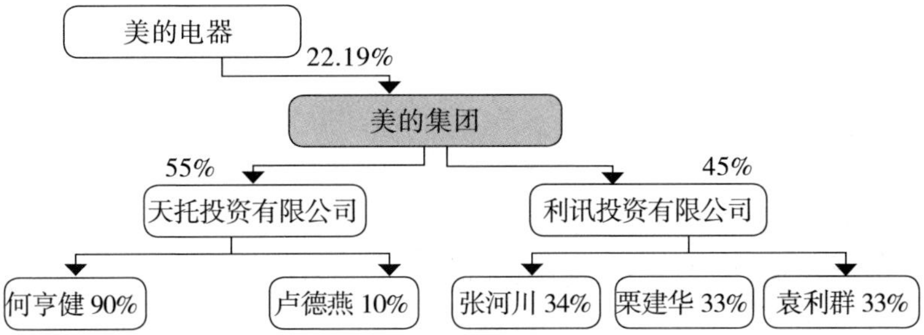

图6-3　美的集团的股权架构

而美的集团则以 22.19% 的股份控制着上市公司美的电器（000527.SZ），也就是说，何氏家庭间接持有美的电器约 12.2% 的股份。1996 年 6 月，以公司掌门人何亨健之子何剑锋为法定代表人的开联实业从顺德市北滘经济发展总公司手中收购了“粤美的”3432 万股法人股，占总股本的 7.79%，第二年增持到 8.49%，成为其第二大股东。

拥有某一公司的多数股份，而这一家公司又持有另一家公司的多数股份，这一过程可以被多次重复。在“粤美的”的例子里可以看到，何享健（90%）及其儿媳卢德燕（10%）全额控股的有限公司天托投资有限公司持有同样非上市的美的集团55%的绝对控股权，而美的集团又是上市公司美的电器的第一大股东。这么一来，何氏家族通过层层非上市的有限责任公司控制了被放在最底层上市的“粤美的”。另外，加上后来收购的华菱集团和上风高科等，一个典型的金字塔结构就形成了。

※多层控股公司架构的优势

多层控股公司架构的优势，可见图6–4。

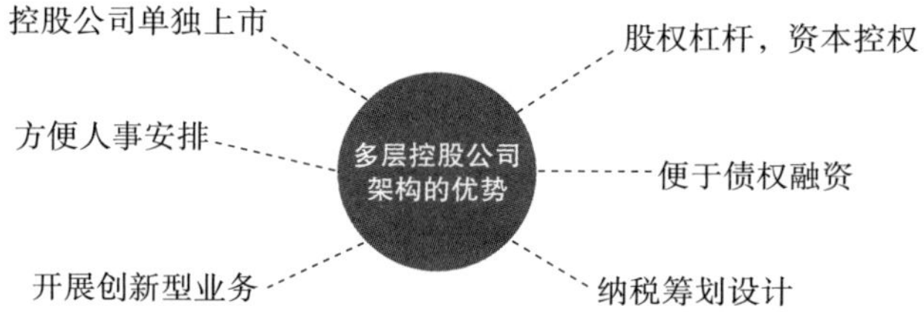

图6–4 多层控股公司架构的优势

（1）股权杠杆，资本控权

多层控股公司架构中的顶端股东可以利用少量的自有资金控制大量的外部资金，层级越多，控制链条越长，实际控制人用同样的财富控制的资产规模就会越大，真正实现资本层面上的以小博大。

（2）便于债权融资

由于控股公司可以合并上市公司报表及其他企业的报表，多层股权架构当中的一级或多级控股公司均可能资金实力雄厚，受到银行认可的程度较高，故这些层级的控股公司可以在目标公司或（拟）上市公司银行借款、发行债券的过程中，提供相应的担保，以降低目标公司的融资成本。

（3）纳税筹划设计

在特定持股目的下，部分企业家可以通过多层控股公司架构实现税收筹划的愿景。《中华人民共和国企业所得税法》规定，符合条件的居民企业之间的股息、红利等权益性投资收益，为免税收入。故作为中间层的控股公司，如同一个资金池，可以对旗下被投资公司的分红进行合理调配并用于再投资或转增注册资本，从而避免自然人在直接持股时被征收高额的个人所得税。

（4）开展创新型业务

控股公司在达到一定资产规模后，可以开展一些不宜在目标公司或（拟）上市公司内部开展的业务，比如，目前处于亏损期尚需在控股公司体内培育的新兴产业或新兴业务，从而便于独立引入投资人，摆脱平台成长依赖，甚至实现独立上市。

（5）方便人事安排

很多公司能发展到一定规模，与创业期元老的贡献是密不可分的。但是在企业进入稳步发展的阶段后，公司需要更新换代，企业家可以通过设立多层持股公司，将元老员工安排其中并任职需要经验的工作岗位，留出需要创新思维的岗位，如此既能让老管理层发挥作用，又能保证新管理层的活力，打通公司整体的晋升通道。

（6）控股公司单独上市

控股公司实力发展到一定程度，也可以单独在港股上市。最典型的案例有复星国际（00656）、北京控股（00392）、中国燃气（00394）等。

常有企业家问："未来我有计划上市，那么我是不是应该直接沿用多层控股公司架构？"需要注意的是，多层控股公司架构虽好，但也并非适合所有的企业家股东。

一方面，由于多层持股公司架构中存在持股公司缴纳企业所得税和自然人缴纳个人所得税两道税负，所以实际上并不适合未来有明确套现目的的财务投资人，会使股东最终退出时的税负太高。

另一方面，与有限合伙企业相比，控股公司在制度上缺少了设计的灵活性。所以，企业家如果拟进入员工激励持股平台，往往需要有更多样的退出机制的有限合伙架构。

6.2 一致行动人：掌握众筹中的控制权

一致行动人是指通过协议、合作、关联方关系等合法途径扩大其对一个上市公司股份的控制比例，或者巩固其对上市公司的控制地位，在行使上市公司表决权时采取相同意思表示的两个以上的自然人、法人或者其他组织。

※增加创始人手中的表决权

设置一致行动人最大的好处就是创始人可以把握公司的控制权。

从公司的治理结构上来讲，公司最高的权力机构是股东会。股东会是由公司所有的股东组成的，那么在股东会上，所有人都是按照他在公司所持有的表决权的数量或者比例来决策公司的一些重大的事项的。要注意的是决策不是按照人头，而是按照你所持有的股份所对应的表决权的数量或比例来决定的。

设置创始人对公司的控制权时，首先需要从股东会层面去考虑，设置一些措施和机制。如果创始人的股权已经降到50%以下，对应的机制就是一致行动人。

一致行动人的核心本质是归集表决权：把小股东的表决权归集到创始人的手上，增加创始人手上表决权的数量。例如创始人只有30%的股权，所对应的就只有30%的表决权，当他把其他几个创始小股东拥有的股权归集在一起的时候，他就拥有了50%以上的表决权。

归集表决权的方式主要有两种：

第一种是表决权委托。

这是最简单的一种方式，让其他的小股东签署授权委托书，将在公司所持有的表决权授予股东。一般来讲，所委托的表决权是不可注销的，或者约定一个比较长的授权期限。

第二种是签署《一致行动人协议》。

创始股东跟创始团队的其他小股东一起签署一个协议，对公司的事项进行表决时依照统一的意志，其他的股东与创始股东意见不一致时，按照创始股东的意志进行表决。

这两种方式都是让股东成为实质意义上的一致行动人。

但需要注意的是，表决权委托必须注明是无偿的，否则有可能被认定为“表决权买卖”，这个协议是否有效就存在疑问了。

爱马仕从未易主的关键

爱马仕至今已有180多年的历史，经历了七代的传承，目前仍然是一个家族企业。如此长的时间内爱马仕一直由一个家族控制从未易主，简直是一个奇迹。

实际上，早在2010年爱马仕便因为股权分散，迎来了LVMH的收购战。当时LVMH在不断地收购其他公司，而且尝到了收购红利，俨然形成了一个奢侈品帝国。在2001年，LVMH便开始在股市上悄悄收购爱马仕的股票。直到2010年5月，LVMH已经直接或间接持有爱马仕22.02%的股权。要知道当时爱马仕的家族成员有200多位，虽然总共持有公司近70%的股票，但是没有一个人持股超过5%。此时的LVMH已经成为爱马仕的最大股东，爱马仕的家族企业性质已经岌岌可危。

为了阻止LVMH的收购步伐，2010年底，爱马仕家族成员在巴黎召开了一次秘密会议，对于会议内容人们不得而知，但是会议过后爱马仕成员一致决定：

各家族成员将其持有公司的50.2%的股份通过托管方式严格锁定，并成立了H51控股公司；

各家族成员托管至H51中的股权在未来的20年内都不允许出售；

对于家族成员持有的H51以外的12.5%股份，H51具有优先购买权。

通过这个内部约定，爱马仕成功地阻止了LVMH的收购。截至2016年，H51已持有了爱马仕52.6%的股权，这实质上就是一个股东之间的《一致行动人协议》。

《一致行动人协议》相当于在上市公司的股东会之外，又成立了一个“小股东会”。在做出重大决策的时候，该部分股东形成一致性意见。当然该种协议是否侵害了其他股东权益，会有另行说明，但是该协议的直接结果就是，通过直接限制部分股东出售股权，间接地保证了这部分股东的话语权。

※《一致行动人协议》的注意事项

签订《一致行动人协议》或采取一致行动，主要目的为明确、稳定公司的控制权，因此在签订《一致行动人协议》时，要注意如下信息要点：

（1）参与一致行动的股东

签订《一致行动人协议》的股东不一定是公司的第一大股东，其他小股东为保证对公司的影响力，同样也可签订《一致行动人协议》。

例如，在江海股份IPO前，公司股东香港亿威投资有限公司（以下简称“香港亿威”）直接持有6000万股股份，占总股本的50%；其他47名境内自然人（中方股东）股东合计持有6000万股股份，占总股本的50%。但根据该公司披露的信息，公司由香港亿威单独控制。

其具体原因就是中方47名自然人股东其中46名自然人已签署《委托协议书》，授权公司股东、董事长陈卫东先生代为行使其持有公司股份所享有的股东大会的投票权、提案权、提名权、临时股东大会的召集权。这样公司就形成了两大表决主体，即香港亿威与陈卫东代表的自然人股东，而香港亿威的占股更多，因此拥有较大的话语权。

（2）该部分股东持股数额

一致行动人应当合并计算其所持有的股份。因此，在确认《一致行动人协议》时要明确各股东持有公司股份数额。投资者计算其所持有的股份，应当包括登记在其名下的股份和登记在其一致行动人名下的股份，一般情况的《一致行动人协议》均采用此种认定方式。

（3）签署《一致行动人协议》的目的

实践操作中，部分《一致行动人协议》的签订旨在维护公司实际控制权的稳定。例如在欧萨咨询披露的信息中，该公司股东国淳创投、王小兵、张朝一、伍波、夏志玲、国际创投分别持有公司30.70%、25.93%、25.93%、6.22%、6.22%、5.00%的股份。公司第一大股东为国淳创投，但股东王小兵与张朝一通过签署《一致行动人协议》合并持股51.86%，掌握了公司的实际控制权。

（4）一致行动意思表示及矛盾解决方式

一致行动旨在约定一致行动人在股东大会、董事会的提案、表决等行为保持一致行动，换言之，一致行动人应在股东大会、董事会召开前达成一致的表决意见。因此，在《一致行动人协议》中应该明确一致表决意见形成的方式。具体的约定方式多种多样，但矛盾解决方式要切实可行且避免发生无法形成有效决议的情形。

※一致行动人点评

《一致行动人协议》一般都有一定的期限，在期限满后，协议失效；有的则是达到某种目的后，协议解除或撤销。

《一致行动人协议》的局限

坐落于安徽合肥的志邦厨柜的主营业务为整体厨柜、定制衣柜等定制家具产品的设计、研发、生产、销售和安装服务。公司控股股东为孙志勇先生和许帮顺先生，其中孙志勇任公司董事长，许帮顺任公司董事、总经理。

孙志勇先生直接持有公司 27.66% 的股份，通过持有元邦投资 45.48% 股权而间接控制公司 4.74% 的表决权股份；许帮顺先生直接持有公司 26.85% 的股份，通过持有共邦投资 47.03% 股权而间接控制公司 4.74% 的表决权股份。据此，孙志勇、许帮顺两人通过直接持股和间接支配而合计控制公司 63.99% 的表决权股份，其中孙志勇占 32.4%、许帮顺占 31.59%，持股比例非常接近，如图 6-5 所示。

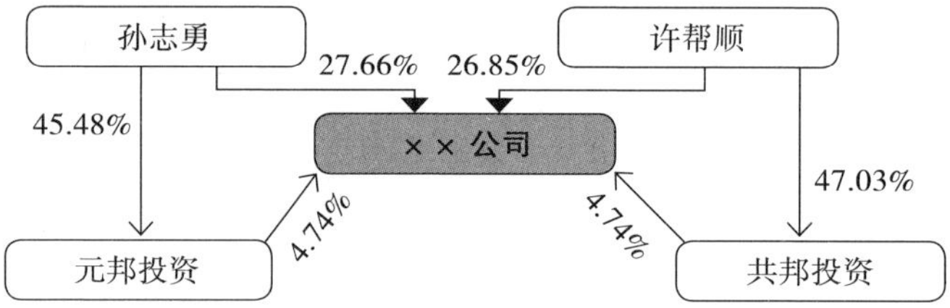

图6-5 孙、许两人持股比例

很特殊的是，约定两人成为实际控制人的《共同控制协议书》明确“该一致行动协议期限自本协议签订之日起至志邦厨柜上市之日起 3 年”。也就是说，志邦厨柜上市满 3 年后，两人就不一定仍是一致行动人了！

《一致行动人协议》对第三方没有约束力，其效力仅限于签约主体，对合同外第三方，除非经过效力追认，否则没有法律效力。例如，签署《一致行动人协议》的小股东可能因身故导致股权被继承，此时需要股东与继承人重新签署补充协议，才能继续作为一致行动人。再如，一致行动的小股东的股份在上市后一旦成为流通股，将通过证券交易所进行竞价交易，《一致行动人协议》将无法对受让股票的一方具有约束力。

尽管在实践中，律师会尽量考虑各种导致《一致行动人协议》失效的情形，并加以约束，但由于其终归源于合同双方意思自治，仅在一定期限内可以实现控制权的稳定。

在签署《一致行动人协议》时可将《一致行动人协议》内容写进公司章程，增加协议内容对第三方的对抗效力。

6.3

委托投票权：资本运作新玩法

委托投票制是英美国家比较盛行的制度，其目的是让无法出席股东大会进行投票的股东可以委托代理人出席股东大会，由代理人向公司提交股东授权委托书，并在授权范围内行使表决权。

那么如何通过委托投票达成控制公司的目的呢？举个例子，在京东集团上市之前，曾有11家投资人将投票权委托给刘强东代为行使，让当时个人股份只占20%的刘强东通过老虎基金、高瓴资本、今日资本及腾讯等投资人的委托协议掌控了京东上市前超过50%的投票权。

从京东商城的案例来看，委托投票让刘强东身为一个股权比例不高的创始人拥有了对公司的绝对控制权。

※“小”股东的“大”话语

股东委托投票制本质上是针对上市公司的小股东专门设计的一项制度，也是一项非常有效的外部治理制度。通过委托投票，可以将小股东的投票权集中起来，从而有效地影响公司决策，对大股东、董事会、监事会和经理人进行制约。

这项制度对中国的上市股份有限公司而言并不陌生。《中华人民共和国公司法》第一百零七条规定：“股东可以委托代理人出席股东大会，代理人应当向公司提交股东授权委托书，并在授权范围内行使表决权。”可见，股东委托投票是符合法律法规的。

无论是英美体系公司还是中国上市公司，一旦委托代理权被列入《中华人民共和国公司法》就意味着当一个股东不满意公司的经营状况时，可以通过委托投票制度来争取公司的控制权。

他可以在股东大会召开之前，通过报纸、网络等媒体向公司其他股东征集“委托投票书”，只要能收集到足够多的委托投票权，就可以在股东大会上拥有相应的话语权，从而对公司进行有效的控制和监督。“胜利股份”案件就是中国证券市场上首例“委托书收购”。

“胜利股份”案件

1999 年 12 月 10 日，因胜利股份的第一大股东胜利集团涉及多起经济纠纷，其拥有的胜利股份遭法院拍卖。通过竞买，广州通百惠服务有限公司（以下简称“通百惠”）获得了胜利股份 3000 万股国有法人股，凭其持有的占总股本 13.77% 的股份成为第一大股东。之后，原胜利股份第四大股东邦胜公司通过受让多家法人股，使持股比例由 6.98% 上升为 15.34%，超过通百惠成为第一大股东。

由于邦胜与通百惠意见不合，为实现对公司的控制，双方必须在 2000 年 3 月 30 日召开的股东大会上赢得对己有利的多数表决。此后股权收购战不断升级，邦胜与通百惠间持股差距也缩至 0.69%，由于邦胜有较稳固的法人股为支撑，二股东通百惠便将目光投向了占公司总股本 50% 的众多中小股东，并于 2000 年 3 月 27 日、28 日、29 日三天向社会公开征集委托投票权。

最后，通百惠成功地征集到了 1500 份委托书，委托股权近 3200 万股，为中国证券市场上首次大规模的委托书征集画上了圆满的句号。

可以说，胜利股权之争的意义已远远超过了事件本身，它向我们展示了国外经常运用的委托书收购制度，也再次提醒了股民们其拥有一项重要权利——股东委托投票权。

索芙特通过公开征集投票权掌控公司

2000年，ST康达因经营业绩不佳，令中小股东们质疑董事会作用。广西索芙特股份有限公司（以下简称“索芙特”）以中小股东的身份公开征集投票权，以求罢免ST康达董事。

最终，索芙特一方因投票数量少，宣告失败。但此事在中国证券市场掀起极大波澜，在此基础上，数月后，索芙特又联合大股东重提旧事。结果，索芙特成为第一大股东，掌握公司控制权，并于2001年底完成资产重组，使公司经营重新走上正轨。

※委托投票权与一致行动人的区别

委托投票权和一致行动人有什么区别？通俗一点，把一致行动人表述为，大股东与小股东意见一致时，听大股东的，大股东与小股东意见不一致时，仍听大股东的；委托投票权则是作为委托人的股东完全放弃表决权，交由受托人行使。因此，一致行动人需要各方均为公司股东，但委托投票权的委托方可以不是公司股东。

在公司上市过程中，如果存在股权分散且几个股东股权比例非常接近的情况，中介机构一般会建议股东捆绑成为一致行动人，在极个别情况下，也会直接认定没有实际控制人。

但在股权比例较高的一方股东是纯粹的财务投资者的情况下，如果财务投资人并不愿意被锁定，且将财务投资者强行认定是一致行动人也有些不伦不类，这时中介机构会建议持股较少的股东选择委托投票权的方式将控制权集中给最大的股东，以方便认定实际控制人。

6.4

公司章程控制：决胜的关键武器

除了通常意义上的大小股东所持股权比例不同影响对公司的控制权外，公司章程的设计也是一个重要环节。公司章程是决定公司未来和股东相处的根本性文件，有“公司宪法”的称号。

公司章程既确定公司内部的经营，也规范公司的管理，包括股东会如何召开、如何做决议等，最能承载公司和合伙人命运的文件就是公司章程，所以，公司章程的个性化设计是每个公司老板和合伙人的必知条款。

关于公司章程，很多企业家反馈：我们公司章程是按照工商局提供的固定格式来写的，注册好公司之后我们就没怎么管公司章程了。根据有关数据不完全统计，我国民企老板中至少有一半以上不熟悉，甚至没看过自己公司的章程。

熟悉公司章程，掌握制胜武器

张某胆子大、运气好，赶上了房地产的黄金时代，发了财。2014年，经朋友介绍，他认识了李某，李某当时正在找资金，做互联网项目，双方见面后，经过相互了解，对资金及团队都很满意，一拍即合，组建了永平科技有限公司（以下简称“永平科技”）。公司章程约定：

①公司注册资本 5000 万元，张某出资 2550 万元，占股 51%，张某朋友王某出资 750 万元，占股 15%，李某出资 1700 万元，占股 34%。

②张某担任公司董事长。

③李某担任公司总经理、董事。

④王某担任董事。

张某因产业众多，科技公司仅为其投资的项目之一，因此并不插手科技公司的日常经营管理，张某认为只要自己控制董事会和股东会，就没有问题。但很快，张某发现，股东会和董事会通过的决议，到了实际操作层面，总会遇到各种各样的阻碍执行不下去。经过详细调查，张某发现李某吃里爬外，不仅在永平科技拿着不菲的工资待遇，而且在外以其名义成立了一家实际由其控制的从事相同业务的科技公司。

在永平科技做出的各种决议，都会被李某以各种理由推托，相反会在由其成立的公司得到快速执行。这损害了永平科技的利益，却为李某自己带来了巨大的收益，为李某的公司带来了很多的商业机会。

张某提出召开董事会，商议更换总经理议案，张某及其朋友王某投了赞成票，但李某投了反对票，决议无法得到通过，理由竟然是经理的人选由公司章程约定。而《中华人民共和国公司法》第四十三条规定股东会会议做出的修改公司章程、增加或者减少注册资本的决议，以及公司合并、分立、解散或者变更公司形式的决议，必须经代表 2/3 以上表决权的股东通过，故董事会对章程中有关总经理的人选的修改必须经过代表 2/3 以上表决权的股东通过才可以。

在永平科技，张某及朋友王某股权比例加起来为 51%+15%=66%，而李某为 34%，拥有一票否决权。

绝大部分公司章程只是简单照抄照搬《中华人民共和国公司法》的规定，没有个性化的条款，对大股东的控制权保护不够，对许多重要的事项未进行详细的规定。但是股东想要控制股权，必须要在公司章程中设置以下 4 个内容（见图 6-6）。

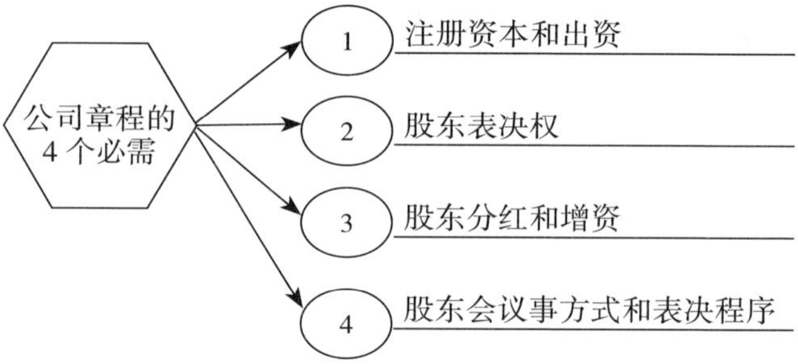

图6-6 公司章程的4个必需

（1）注册资本和出资

根据现行《中华人民共和国公司法》规定，除有特殊限制的主体外，公司注册资本采取认缴制。股东的认缴出资额、出资时间等，完全由股东自行约定并在章程中载明。若到了约定的出资时间，但股东认为需要延期，可以通过修改公司章程的方式调整出资时间。未履行当期出资义务的股东，应当向已按期足额缴纳出资的股东承担违约责任，建议在章程中明确违约责任的计算方式和承担方式。

（2）股东表决权

股东的各项权利根据股权比例确定是《中华人民共和国公司法》的基本原则，行使表决权是股东参与公司经营决策的重要途径。调整表决权比例，甚至是某些小股东“控制”公司的重要途径，明白这点对财务投资者尤为重要，他可以通过设置在某些事项上的一票否决权达到“控制”公司的目的。这条法规（第四十二条）实际赋予公司章程两项自由规定的权利：同股不同投票权和一票否决权。使用这条要慎重，一般在股东需通过让渡部分经营决策权以换取其他方面的利益时才能使用。大股东在引入财务投资者时，就要注意一票否决权的规定。如果必须使用一票否决权，建议在章程中尽量缩减股东会的职权，并将一票否决权的适用事项尽量减少，以防财务投资者以较少的股权完全控制公司。

利用公司章程确定股东表决权

甲公司注册资金为 100 万元，且全部实缴到位，其中 A 出资 30 万元、B 出资 20 万元、C 出资 50 万元，如果按同股同表决权的原则，那么三人分别享有 30%、20% 及 50% 的表决权，此时 C 对甲公司股东会具有控制权。

但 C 是财务投资人，不参与公司的经营管理；A 全职，负责公司开发业务、日常管理；B 全职，协助 A 开展工作。经全体股东协商一致，股东表决权调整如表 6-1 所示。

表 6-1　股东表决权

项目	A 股东	B 股东	C 股东
出资金额（万元）	30	20	50
出资占比（%）	30	20	50
表决权比例（%）	68	20	12

因此，虽然 A 只出资 30%，但是通过公司章程的约定，可以享有 68% 的表决权。

（3）股东分红和增资

《中华人民共和国公司法》允许股东以约定方式改变红利分配和增资时认缴出资的规则，改变后的分配、认缴比例、方式没有任何限制，完全由股东商定。大股东为了保证对公司的控制权，往往要控制绝对多数的股权，但为激励或平衡其他股东，往往可以采用其他股东多分红的方式。如果不按股权比例分红，必须明确每个股东的分红比例。而增资时优先认缴的比例也另需明确约定。

（4）股东会议事方式和表决程序

《中华人民共和国公司法》第四十三条规定，股东会的议事方式和表决程序，除本法有规定的外，由公司章程规定。

股东会会议做出修改公司章程、增加或减少注册资本的决议，以及公司合并、分立、解散或变更公司形式的决议，必须经代表 2/3 以上表决权的股东通过。

本条实际上规定了公司的绝对控股权，即拥有公司 2/3 以上的表决权。该条第二款规定的事项必须经绝对多数（2/3 以上）的表决权才能通过，其他事项由章程自行规定按绝对多数决定原则或按相对多数决定原则表决通过，该种多数决定原则包括股权比例或人数比例，即章程可以规定其他事项按股权比例表决，也可规定按人数比例表决。这一点也是《中华人民共和国公司法》第四十二条的延续。

6.5

优先股：融资“新宠”受注目

优先股就是享有优先权的股票，拥有优先股的股东对公司的资产、分配的利润等都有优先享有的权力，风险很小，但是优先股股东对公司事务无表决权。

优先股股东没有选举及被选举权，对公司的经营没有参与权，优先股股东不能退股，其股份只能通过优先股的赎回条款被公司赎回，但是能稳定分红。

优先股以其可分配的股利来保证优先股的股息收益率，优先股股票实际上是股份有限公司的一种类似举债集资的形式。

由于优先股股息率事先设定，所以优先股的股息一般不会根据公司经营情况而增减，而且一般也不能参与公司的剩余利润的分红，也不享有除优先股自身价格以外的优先股股东所有者权益，如资不抵债，优先股股东是会有损失的。

对公司来说，由于股息相对固定，它不影响公司的利润分配。优先股股东不能要求退股，却可以依照优先股股票上所附的赎回条款，由股份有限公司予以赎回，大多数优先股股票都附有赎回条款。在公司解散、分配剩余财产时，优先股的索偿权先于普通股，而次于债权人。

优先股在具体投资案例中的应用

张三创立了一家公司，即“张三实业”，一段时间发展后经介绍联系到风投机构“李四资本”，后者因新募集资金等原因比较急于找到投资项目，此时，李四资本投入100万元人民币，占张三实业20%的股权，并在协议上约定只持有普通股，不签对赌协议。协议签订后张三实业的股权结构为：拥有控股权的张三持有60%股份，李四资本持有20%股份，此外，还有20%股份用于管理层与员工激励，放在股权池中由张三代持，融资后张三实业估值为500万元人民币。

一年后，张三实业经营遇到困难，同行业一家龙头企业看上了张三实业的部分业务，开始和张三联系企业收购事宜。经过权衡，拥有控股权的张三接受龙头企业的收购条件，将张三实业以400万元人民币的价格转让。转让后收益如表6-2所示。

表6-2 转让后收益

	投入	股份	代持股份	原估值	现估值	转让后获利
张三		60%	20%			240万元
李四资本	100万元	20%				80万元
张三实业				500万元	400万元	

此时，问题出现了：当收购完成后，张三可以带着240万元（400万元x60%股份）欢喜退场，而同样持有普通股的李四资本想要退场却只能获得80万元（400万元x20%股份），整场投资不算人力物力成本还净亏20%，更不用说失败案例对商誉的影响。

在这个例子中，李四资本发生亏损是因为其作为小股东，对被投企业的运行既没有任何话语权，也没有对创始人张三的经营行为做出其他的限制。若李四资本在投资时采用了优先股，或者在张三实业的公司章程中加入股权vesting（“行权”或“兑现”）内容，抑或签订契约条款和绝对多数条款，都可以在一定程度上保住投资收益，以及约束张三通过创造价值的方式来获得收益，而非简单的套现离场。

“先清偿”的特点指优先股拥有优先级靠前甚至加倍的清偿权，即优先股持有者李四资本可以优先于普通股持有者创始人张三拿回初始投资。当张三实业收购价格依旧为 400 万元时，若李四资本签下的是参加分配且可赎回的优先股，则收购发生时，张三实业首先要将李四资本持有的价值 100 万元的优先股赎回（随清偿权倍数而倍增），剩下的最多 300 万元再按张三实业中各股东所占比例分配，即李四资本还可分得最多 60 万元（300 万元 ×20% 股份），既保住了本金，又取得了可观的收益。

因此，对初创企业的投资大多采用优先股的形式，是为了保持投资方对初创企业的影响力和收益权。私募机构偏好的优先股种类一般有可转换优先股、可赎回优先股、参加分配优先股三种。“可转换”指持股人可以在一定条件下把优先股股票转换为发行公司的普通股股票或公司债券，“可赎回”指优先股发行公司可以按一定价格将优先股从持股人手中赎回，“参加分配”指持股人不仅可以按规定分得定额股息，还有权与普通股股东一起参加公司利润分配。

需要注意的是，优先股各种类之间并非泾渭分明的关系，可转换的优先股不一定不可赎回，可赎回的优先股也可以参与分配。

优先股是一种听起来让企业家很兴奋的制度设计，让部分股东以放弃“权”为代价，去换取更低风险的“利”；其他股东则以承担更多股权中“利”的不确定性，去换取更多的“权”。但很遗憾，优先股并未成为实务中高频次的控股权设计工具，主要是因为在实务中优先股的应用空间有限，目前只能应用于以下 4 类公司：

（1）海外上市公司

优先股制度是海外上市公司常用的融资手段，在国外已经非常成熟。美国作为全球最大的优先股市场，早在 19 世纪就诞生了优先股，拥有超过 100 年的优先股发行历史，是全球最大的优先股市场。在中国香港和欧美等资本市场发达的国家和地区，优先股也已经发展得颇为成熟。

（2）有限责任公司

《中华人民共和国公司法》授权国务院可以对股份有限公司发行优先股做出规定。有限责任公司股东是否可以持有优先股呢？《中华人民共和国公司法》中没有直接规定，但《中华人民共和国公司法》允许有限公司股东通过公司章程约定股东不按持股比例分红及享受表决权、认购权，已经变相地认同了优先股。

需要注意的是，在有限责任公司进行公司清算时，优先股股东不能优先分配公司剩余财产。另外，想使用优先权的有限公司股东需注意，一旦公司改制为股份有限公司（这个过程简称为“股改”，是公司新三板挂牌和境内 IPO 上市的必经之路），优先股将被废止，所有股东必须同股同权。

（3）A 股上市公司或 H 股上市公司

据统计，截至 2017 年 12 月 31 日，A 股上市公司仅有 46 家发布过发行优先股公告，同期 A 股上市公司有 3467 家，占比仅为 1.3%。

（4）新三板挂牌公司

据统计，截至 2017 年 12 月 31 日，新三板挂牌公司仅有 29 家发布过发行优先股公告，同期新三板挂牌公司有 11630 家，占比仅为 0.24%。

6.6

AB 股：控制庞大商业帝国的秘密武器

通常公司的股权结构为一元制，即所有股票都是同股同权、一股一票，但英美法系下的类别股份制度存在二元制股权结构（又称 AB 股结构），即管理层试图以少量资本控制整个公司，因此将公司股票分高、低两种投票权，高投票权的股票每股具有 N 票（多为 10 票）的投票权，称为 B 类股，主要由管理层持有；低投票权的股票由一般股东持有，1 股只有 1 票甚至没有投票权，称为 A 类股。作为补偿，B 股股票一般流通性较差，一旦流通出售，即从 B 类股转为 A 类股。

AB 股最初盛行于美国，因为美国是全球互联网创新的龙头。在创新型企业中，创始人最能把握新技术的脉搏。

但互联网公司通常在发展前期对资本投入需求较大，经历多次股权融资后，投资人往往就拥有了控股权，创始人团队的持股比例则被严重摊薄，此时依“资本多数决”原则，投资者很可能无法采取有利于创新公司成长的最佳策略。不同投票权架构能有效地让持股比例已被大幅摊薄的创始人团队因为持有投票权更高的 B 类股，仍然掌握对公司的控制权。

创业公司的发展离不开资本的支持，从每一轮融资到最后的 IPO，创始人的股份都会被稀释，若实行传统的“同股同权”的原则，公司创始人很容易失去对公司的控制权，同股不同权最大的意义就是使创始人在公司上市后不至于由于股份的稀释而丧失对公司的控制权。AB股结构最初起源于欧洲，采用该种模式的企业也大多分布在欧美地区，20世纪七八十年代中国香港也曾采用过，但是迫于现实原因被禁止，以至于联交所错失了阿里巴巴的IPO。

29年后小米正式以首家“同股不同权”公司身份向港交所提交IPO的申请，意味着AB股架构在中国香港重新开放。美团点评IPO也紧随其后，在中国香港上市并实行同股不同权制度。

小米集团的AB股股权架构

小米集团的招股说明书显示，小米前三大股东的持股比例如图6-7所示。

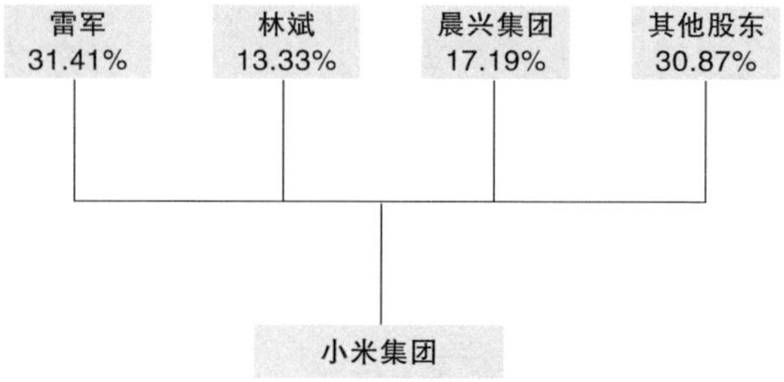

图6-7 小米集团股权架构

通过图6-7我们可以看出，雷军持有小米31.41%的股份，加上其他股东委托其投票的2.2%的股份，雷军共掌握33.61%的投票权，林斌共持有13.33%的股份。正常情况下两人的投票权加起来也仅为46.94%，未超过半数，更未达到2/3，对公司的控制较为有限。

考虑到IPO之后，小米需要仍然能够实现雷军的战略及控制，小米采取了AB股的股权架构来增强雷军对于公司的控制权。小米集团的招股说明书显示，Xiaomi Corp采用AB股架构，A类股拥有10票投票权，B类股拥有1票投票权。在AB股结构下（见图6-8），雷军的31.41%

的股份中有 20.51% 的 A 类股，加上其 10.9% 的 B 类股，雷军的投票权达到了 55.7%，再加上委托投票的 2.2%，雷军实际拥有公司 57.9% 的投票权。林斌的 13.33% 的股份中有 11.46% 的 A 类股，加上 1.87% 的 B 类股，根据 A 类股的投票规则，林斌拥有公司 30% 的投票权。

这样一来，雷军的创始团队就拥有了公司 87.9% 的投票权，可以决定公司重大事项和一般事项。这就是“同股不同权”的魅力所在，保证了创始团队对公司的绝对控制。

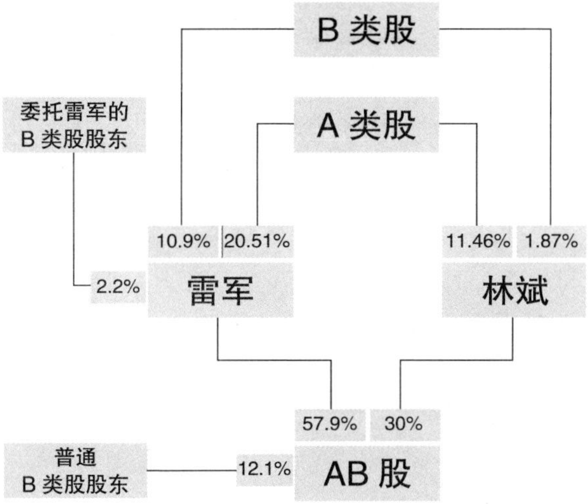

图6–8 小米集团的AB股架构

我们再来看看京东如何利用 AB 股架构。刘强东曾经说过这样一句话：“如果不能控制这家企业，我宁愿把它卖掉。”这表达出他对京东绝对控制权的重视。

因此，他在京东引入风险投资之前，就考虑到随着自己的股权不断被稀释，可能导致话语权旁落的问题，从而设立了 AB 股的双重股权制度。

京东集团的AB股股权制度

2014年1月31日，京东向美国证监会呈交的招股说明书中披露了京东的股权结构及公司组织架构。根据京东招股说明书，上市前夕京东的股票会区分为A序列普通股（Class A common stock）与B序列普通股（Class B common stock），机构投资人的股票会被重新指定为A序列普通股，每股只有1份投票权。

刘强东持有的23.1%的股权（含其代持的4.3%激励股权）将会被重新指定为B序列普通股，每股有20份投票权。

在IPO之后，京东将根据新的公司章程建立起双重股权制度。其中，Max Smart、Fortune（京东持股平台）、刘强东及其附属机构持有的股份可按1：1的比例转换为B类普通股，每1股享有20份投票权；而其他普通股则只能按1：1转换为A类普通股，每股对应1份投票权。所有优先股均可根据适用的转换率转换为A类普通股。

也就是说，高投票权的B类普通股将集中在刘强东及在股权激励计划下获得股份的京东员工、管理层及其他顾问手中，而京东在发展过程中引入的投资者只能持有低投票权的A类普通股。

由于刘强东所持B类股投票权是A类股投票权的20倍，刘强东的个人投票权达到83.7%，拥有京东的绝对控制权。对此，刘强东指出："掌握投票权更有利于控制企业，AB股结构以后会越来越多，京东不想把精力浪费在董事会的沟通上。"

另外，京东集团（NASDAQ:JD）向美国SEC（美国证券交易委员会）递交的2018年年报显示，截至2019年2月28日，京东股权结构是：腾讯持股17.8%，为第一大股东，投票权为4.5%；刘强东持股15.4%，为第二大股东，投票权为79%；沃尔玛持股9.9%，为第三大股东，投票权为6.1%。

京东的AB股制度，是同股不同权的双重股权架构，把股权与控制权分离。中小企业也可以借鉴京东的AB股制度，在公司章程或合伙协议中，对所有权、分红权和表决权进行相似的约定。京东的控制权设计是比较成功的，但是也有很多公司因为没有做好控制权的设计，创始人被踢出局，我们耳熟能详的雷士照明吴长江、俏江南张兰、苹果乔布斯、Uber 卡兰尼克等，都曾经被资本用不同方式“踢出”自己一手创办的企业。

AB 股虽然有其魅力，但如同一枚硬币，有正面亦有背面。从 AB 股诞生至今，批评的声音从未间断。那么 AB 股有哪些缺陷呢?

第一，AB 股制度打破了“同股同权”的平衡。

把控制权集中在少数人手中，在公司决策正确、发展良好的前提下，大家相安无事。但是如果创始人团队决策失误，相当于其他股东都成了决策失误的“陪葬品”。

例如，当年频频引得大家关注的聚美优品，陈欧持有公司 34% 的 B 股，掌握着 75% 的投票权，后陈欧擅自尝试低价私有化聚美优品，引起股价剧烈下跌，中小股东损失惨重。在公司账面躺着超过 4 亿美元现金的情况下，聚美优品从未向股东支付过任何股利，却将接近 6000 万美元的资金投入电视机和手机移动充电电源项目上，逼得投资机构发表公开信指责陈欧未能兑现诺言和实施了错误的投资行为。

第二，AB 股也挑战了传统公司法中的股东民主原则。

AB 股导致外部投资者权利受损，无法按自己的持股比例行使监督权等，甚至有人斥责 AB 股方式如果被广泛采用，必然导致社会腐败、小股民被鱼肉。这也是 2013 年港股为何经过慎重考虑拒绝阿里的核心原因。

在实际操作中，AB 股架构能否实施，唯一的决定因素就是创始人和投资人谁更有发言权。

其实，AB 股本身无所谓好坏，仅仅是一项工具而已，但实施 AB 股需要良好、健全的法制环境及严格、成熟的外部监管制度来保证外部投资者的利益，如此才有该制度实施的空间。比如，美国有中小股东集体诉讼制度等完备机制。

随着中国内地资本市场法律法规体系日趋成熟、政府监管能力不断提升、中国股民素质不断提高，未来，中国内地的主板、中小板、创业板也可能会对“同股不同权”的安排敞开大门。

07

股权激励的
5 道安全防线

▼

进行股权激励的时候，一般会考虑这样一个问题，创始人或大股东的股权肯定会被转让一部分出去或因为增资而被稀释。那么，稀释股权之后如何保证其对公司的控制权呢？股权稀释后，创始人占有多大比例的股权合适？占多少才有控制权，才能保障自己的权利？

7.1
67%："安全线"

提及公司，不得不谈到股权。众所周知，有限责任公司由股东投资设立，全体股东组成股东会，成为公司的决策机构。股东会按照章程设立董事会、监事会，选举董事、董事长、监事等，董事会按照章程聘请总经理、财务负责人等高级管理人员，总经理在董事会赋予的职权之内行使相关职责。监事会负责监督监管公司的运转。

股东会是整个有限责任公司的核心机构。股东通过股东会行使相关权利，实现对公司运营的间接管理。股权占比是投资者作为公司股东行使股东权利的基础，也可以直接看出投资股东对公司的控制程度。

因此，释放给员工的股权激励额度必须低于1/3，老板要拥有2/3以上的额度。具体比例是，员工持股33%以内，老板持股最好大于等于67%。

为什么要设定这种比例呢？

因为根据《合同法》第四十四条第二款之规定，以下事项必须经过占67%股权的股东同意才能通过：

（1）增加或减少注册资本

有限公司增加注册资本时，应当经过股东会决议，且股东会决议须经代表2/3以上表决权的股东同意通过；公司新增资本时，股东有权优先按照实缴的出资比例认缴出资。因此，即使公司大股东做出增资的股东会决议，小股东也有权按照其实缴的出资比例认缴出资，保证股权比例不被稀释。

减少注册资本的，必须编制资产负债表及财产清单。公司应当自做出减少注册资本决议之日起十日内通知债权人，并于三十日内在报纸上公告。债权人自接到通知书之日起三十日内，未接到通知书的自公告之日起四十五日内，有权要求公司清偿债务或者提供相应的担保。公司减资后的注册资本不得低于法定的最低限额。

（2）变更公司组织形式

现代企业制度的组织形式有责任有限公司和股份有限公司两种。变更组织形式是指在不中断公司法人资格即保持人格的同一性的情况下，由股份有限公司变更为责任有限公司，或由责任有限公司变更为股份有限公司的行为。公司变更组织形式后，其法人资格不受影响，新公司享有和承担原公司的权利义务。

（3）决定公司的合并、分立、解散

公司合并是指两个或两个以上的公司，订立合并协议，依照《中华人民共和国公司法》的规定，不经过清算程序，直接结合为一个公司的法律行为。公司合并有两种形式：一是吸收合并，指一个公司吸收其他公司后存续，被吸收的公司解散；二是新设合并，指两个或两个以上的公司合并设立一个新的公司，合并各方解散。

公司分立是指一个公司通过依法签订分立协议，不经过清算程序，分为两个或两个以上公司的法律行为。公司分立有两种形式：一是派生分立，指公司以其部分资产另设一个或数个新的公司，原公司存续；二是新设分立，指公司全部资产分别划归两个或两个以上的新公司，原公司解散。

公司解散是指已成立的公司基于一定的合法事由而消灭的法律行为。公司解散的原因有两大类：一类是一般解散的原因，一类是强制解散的原因。

一般解散的原因是指只要出现了解散公司的事由，公司即可解散。《中华人民共和国公司法》第一百九十条规定了公司一般解散的原因，主要有：①公司章程规定的营业期限届满或者公司章程规定的其他解散事由出现；②股东会（股东大会）决议解散；③因公司合并或者分立需要解散的。

强制解散的原因是指由于某种情况的出现，主管机关或人民法院命令公司解散。《中华人民共和国公司法》规定强制解散公司的原因主要有：①主管机关决定；②责令关闭；③吊销营业执照。

（4）修改公司章程

公司章程是指公司依法制定的，规定公司名称、住所、经营范围、经营管理制度等重大事项的基本文件。公司章程是公司必备的、规定公司组织及活动基本规则的书面文件，其修改必须要经过法律规定的程序。修改公司章程的权限专属于公司的权力机构（股东会或股东大会），修改公司章程须以公司权力机构的特别决议确定。公司修改章程须办理相应的变更登记，否则不得以其变更对抗第三人，这是章程变更的对外效力。对内，变更章程自股东会或股东大会决议通过后即发生效力。

进攻型股权统筹

张伟开办了一家贸易公司，注册资本为100万元，张伟认缴出资100万元。经过股权激励后张伟认缴出资70万元，持股比例70%，李谷等管理层成为股东，认缴出资30万元，持股比例为30%，如表7-1所示。

表7-1　股权激励后的持股比例

	激励后认缴出资（万元）	持股（%）	实缴（万元）
张伟	70	70	5
李谷等	30	30	30
总计	100	100	35

如果这个公司章程仅仅约定按照出资比例行使表决权，那么一般情况下张伟个人就可以决定公司的大小事务，包括公司的增减资、修改公司章程、分立、合并、变更主营项目等重大决策。

如果公司章程约定按照实缴出资比例行使表决权，张伟仅仅实缴了 5 万元，李谷等人实缴了 30 万元，那么李谷等人的实缴出资比例达到了 2/3 以上。如此，虽然表面上张伟是大股东，但是实际上李谷等人依据实缴出资的情况，可以决定公司的大小事务。

如果张伟和李谷等对公司章程有特别的约定，约定公司的增减资、修改公司章程、分立、合并、变更主营项目等重大决策需要经过全体股东一致同意，那么做这些决策时就必须征得他俩的一致同意，而不能仅仅依照出资比例来决定。

所以，老板释放的股份额度不要超过 1/3，以保证老板拥有完全治理权。有时企业不是不愿意放权，而是还不具备老板放权的条件——一放就乱。什么时候能释放超过 1/3 的股份额度，取决于企业发展到了什么阶段。

这在股权统筹中叫作进攻型统筹，真正可以做到进可攻、退可守，收放自如。进攻型股权统筹在修改公司章程、公司兼并重组、公司定向增发股份等重大事件中具有十分重要的作用。因为企业处于初创期，高管可能还不够成熟，所以老板应该将公司治理权控制在自己手中，以免高管获取股份后干扰或影响公司的决策。

7.2 51%：“生存线”

随着企业不断成长，高管素质不断提高，专业水平不断提升，企业慢慢进入发展期，此时老板可以抽出身来，进行企业的规划和更长远的思考。老板可以考虑将股份再释放一些出来给高层，让他们从小股东慢慢变成中股东甚至过渡到大股东，自己只需要做管理型统筹的股权布局。

企业发展到此阶段，老板所持股份就越来越少，手下的股份越来越多，老板要做到的就是控股。

当某位股东拥有公司 51% 的股权时，公司创始人就面临失去对公司的控制权的危险。

管理型股权统筹

张伟开办了一家贸易公司，注册资本为 100 万元，张伟认缴出资 100 万元。经过股权激励后张伟认缴出资 51 万元，持股比例为 51%，李谷等人认缴出资 49 万元，持股比例为 49%，如表 7-2 所示。

表 7-2　股权激励后的持股比例

	激励后认缴出资（万元）	持股（%）	实缴（万元）
张伟	51	51	5
李谷等	49	49	30
总计	100	100	35

如果公司章程仅仅约定按照出资比例行使表决权，那么一般情况下张伟个人就可以决定公司除了修改公司章程、增加或减少注册资本的决议，以及公司合并、分立、解散或者变更公司形式的决议以外的全部事项。

比如公司需要选举董事，董事选举没有特别的约定，张伟就能决定董事是否能够当选，通过任命董事，也就能够控制董事会，进而又能聘任公司的经理及公司的其他管理人员。

不仅如此，如果公司盈利了，是否进行利润分配及如何分配，也基本上可以由张伟单方面决定，也就相当于张伟实际上控制了公司。但对于通过增资的方式引入第三方是无权单方面决定的，需要征得李谷等人的同意。

虽然持股比例占到51%就可以控股，但笔者的建议是，大股东所占比例最好大于或等于52%。为什么有这样的建议呢？因为实施股权激励不能只看当下的情况，而是要谋划全局，从企业的整个生命周期来看。

提前规划，避免大股东因股权稀释丧失控制权

一家企业在起步阶段只有两个股东，其中一个占股52%，另一个占股48%，后来计划引入一位技术人才，而新加入的技术人才也希望得到企业的股份，这个时候，两个股东私下商议后，决定各拿3%的股份转让给这位技术人才。如此一来，大股东的股份降低至49%，二股东的股份降低至45%，三股东获得6%的股份，如表7-3所示。

表7-3 股权激励后各股东持股比例

	原始股（%）	激励后股份（%）
大股东	52	49
二股东	48	45
三股东		6

从表面上看，三股东的股份比较少，话语权很小，但当大股东与二股东发生矛盾时，情形就会出现反转，二股东45%的股份加上三股东6%的股份，正好是51%，而大股东只有49%的股份，当二股东和三股东的决策与大股东相悖时，投票后，大股东的决策将无法实行。而二股东自己单独一个人却无法掌握公司控制权，这就导致公司控制权转移至小股东手里，这对企业的危害十分严重，在股权激励时需要提前预防此类情况的发生。

如果说你的公司不考虑上市，那么51%的控股就足够了；如果公司规划未来要上市，那么就要占股52%以上的比例。虽然二者只差了一个百分点，但是如果公司真的上市了，公司的控制权就有天壤之别。因为上市，公司的股份要经过两轮稀释，即在引进风投时和公司上市时。

如果两轮稀释的股权共计35%，我们来比较一下，假设你原先持有51%的股份，被稀释了35%，那么你的股份比例还剩33.15%；假设你原先持有52%的股份，同样稀释了35%，那么你的股份比例剩下33.80%。33.80%和33.15%有什么样的区别呢？单看数字，两者区别不大，但它们之间实质上有一条分界线，就是一个大于1/3，一个小于1/3，这个区别至关重要，在下一节还会具体讲解，在这里先给大家举个例子，帮助大家理解。

假设你作为老板拥有67%的股份，现在稀释后持股比例是33.15%。在你的团队里有一个比较有影响力的人，如果这个人能力很强，能量很正，那么这个人就是企业的福星；相反，如果这个人虽然能力很强，但是心术不正，他会把企业带向万劫不复之地，因为他可以影响其他人，外围股份已经超过2/3，可以对公司做任何改动，包括重新制定公司章程。

7.3
33%："存在线"

这是与持股比例2/3以上的内容对立的：当公司遇到重大事项需要2/3以上表决权通过时，持股1/3以上的股东虽非控股股东，此时却拥有一票否决权。

如果公司有持股1/3以上的单一股东（或一致行动人），则意味着公司不存在绝对控股股东，在重大事项决策上可以相互制约。其优点是可以避免大股东做出损害小股东利益的重大决策，有利于公司治理的健康发展；其缺陷是如果这些重大决策是对的，如此制约将影响公司的发展，甚至使公司陷入控制权纷争。

国美控制权纷争

2008年11月中旬，国美电器董事局主席黄光裕因经济问题被捕入狱，11月底，时任国美电器总裁的陈晓被黄光裕及其家族委任为董事局主席，全面负责国美电器的经营。

面对严峻的内外部形势，为扭转经营困境，2009年6月，国美电器管理层引入美资PE贝恩资本注资，购买15.9亿元人民币可转债（有权转为10.8%股权）。但贝恩方面要求向董事局派驻3名非执行董事，并与以陈晓为首的国美电器管理层达成攻守同盟，逐步强化了对国美电器的实际影响力。

2010 年 5 月 11 日，在国美电器股东大会上，黄光裕家族利用手中的表决权，连续对 12 项决议中的 5 项投出否决票。由于其持有 33.98％的股份，因此成功地阻止了贝恩投资董事及总经理竺稼等 3 人进入国美董事会。

国美电器控制权争夺战由此引爆。国美电器管理层在董事局主席陈晓带领下迅速召开董事会做出反击，并经一致同意推翻了股东大会决议。在此背景下，2010 年 7 月 7 日，国美电器（00493.HK）公告了其首次股权激励方案，宣布将现有已发行股本约 3％的股权（3.83 亿股）在 5 年内授予 105 名管理人员，总金额近 7.3 亿港元，创下中国家电业内纪录。激励范围覆盖了分公司总经理、大区总经理，以及集团总部各中心总监、副总监以上级别人员，行权价为 1.9 港元，每年行权比例为 25%，计划分 4 年完成，计划有效期为 10 年。

此后，双方经过多轮决战，最终形成的股东大会决议是：黄光裕家族提出的“罢免陈晓”等 4 项动议均被否决，仅“取消董事会增发授权”一项获通过，确保了其第一大股东地位；而以陈晓为首的现任管理层提出的 3 项议案均获通过。

至此，国美控制权之争以利益各方“达成和解”而告一段落。

纵观国美控制权之争的整个过程，可以看出，国美股权激励方案的推出，在国美控股权争夺愈演愈烈之时，显然被赋予了不同寻常的功能：股权激励成为职业经理人对抗大股东的工具，这显然不是股权激励的应有之义。

究其原因，一方面，由于黄光裕作为实际控制人缺位导致股东与管理层沟通不畅；另一方面，由于大股东 33.98% 的股权比例离 1/3 多数的一票否决权仅一步之遥，控股权岌岌可危，给了职业经理人以可乘之机。

从股权激励的角度来看，国美事件给我们的启示是，企业家是商业社会最宝贵的资源，股权激励的首要前提是保证企业家的控股地位，这是底线。

在此前提下，借助股权激励完成股东与管理层的事业沟通。这也是北京和君咨询有限公司始终强调的：股权激励的本质和目标，是完成公司股东与股东之间、股东与核心团队之间，以及核心团队内部关于公司未来事业发展的深度思考及沟通，进而通过“心理契约”的达成以及长效激励机制的保障，实现企业从利益共同体向事业共同体甚至命运共同体的成功过渡！

虽然公司初创期股权架构良好，大股东绝对控股，但随着公司股权激励、股权融资的持续进行，大股东不再绝对控股甚至不再控股将是大概率事件。那么，保留一票否决权就显得至关重要。

7.4
20%：“竞争线”

做股权激励的主要目的之一是留住人才，让激励对象一心一意地为公司服务，一般不允许激励对象出现一仆二主的现象或同时在两个或两个以上的公司兼职，或者自己在外面创业。

同业竞争是指上市公司所从事的业务与其控股股东或实际控制人或控股股东所控制的其他企业所从事的业务相同或相近，双方构成或可能构成间接或直接的竞争关系。

我国学者一般认为，关联企业特指一个股份公司通过20%以上股权关系或重大债权关系所能控制或对其经营决策施加重大影响的任何企业，是以会出现20%以上股权关系是重大同行业竞争警示线的说法。

避免同行业竞争

张伟开办了一家贸易公司，注册资本为100万元，张伟认缴出资100万元。经过股改、引入资本方以及股权激励后，张伟持股比例变为29%。

对李谷进行股权激励，是因为李谷有技术、有能力、有资源，但是李谷有这些优势，如果在外面和别人一起合作或自己经营同样的业务，就会损害公司利益。

所以，对这样的股东的持股比例需要进行一定的限制，并要进行特殊的约定，不得进行同行竞争；当然，对于特殊人才，在提出条件时也要注意对内、对外的持股比例，如果在外面的投资金额较小，损害公司利益的可能性也就较低，所以要进行综合判断。

科创板上市公司全部在有效期内的股权激励计划所涉及的标的股票数，累计不得超过公司总股本的20%。

科创板主要服务于符合国家战略、突破关键核心技术、市场认可度高的科技创新企业，重点支持新一代信息科技、高端装备、新材料、新能源、节能环保、生物医药等高科技产业和战略性新兴产业。对这些产业，科技板给予了更宽容的上市条件，而且对上市后股权激励的限制也相对放宽。

比如，科技公司授予激励对象限制性股票的价格，允许低于市场参考价的50%，而在《上市公司股权激励管理办法》中，主板、中小板、创业板的授予价格原则上不得低于下列价格较高者：①股权激励计划草案公布前1个交易日的公司股票交易均价的50%；②股权激励计划草案公布前20个交易日、60个交易日或者120个交易日的公司股票交易均价之一的50%。

又如，科创板上市公司全部在有效期内的股权激励计划所涉及的标的股票总数，累计不得超过公司总股本的20%，而主板、中小板、创业板的比例不超过10%。

7.5
10%："存活线"

10% 是一个重要的股权比例。《中华人民共和国公司法》赋予持股 10% 以上股东的主要权利包括：请求召开临时股东大会；董事会和监事会不履行职责时，自行召集并主持股东大会；必要时可以要求解散公司。

《中华人民共和国公司法》第一百零一条规定：股东大会会议由董事会召集，董事长主持，董事会不能履行或者不履行、监事会不召集和主持的，连续 90 日以上单独或者合计持有公司 10% 以上股份的股东可以自行召集和主持。《中华人民共和国公司法》第一百八十二条规定：公司经营管理发生严重困难，继续存续会使股东利益受到重大损失，通过其他途径不能解决的，持有公司全部股东表决权 10% 以上的股东，可以请求人民法院解散公司。

股份有限公司的持股或合计持股 10% 以上的股东有召集股东大会的权利，这一权利在公司控制权争夺中经常会被行使。

守住持股底线，守护企业发展

张伟开办了一家贸易公司，注册资本为 100 万元，张伟认缴出资 100 万元；经过股改、引入资本方及股权激励后张伟认缴出资 100 万元，持股比例 10%。李谷等人作为激励对象认缴出资 100 万元，持股比例 10%，其他股东认缴出资 800 万元，持股合计比例为 80%，公司整体注册资本增加至 1000 万元，其他股东持股比较分散，创始人 10% 的股权已为最大持股比例。

但张伟已经基本上退出了公司管理，开始享受生活，公司的管理权基本上都交给了高管层，也就是管理权掌握在李谷等人手里。他们利用自己的权力不断地进行关联交易，损害公司利益，导致其他小股东也有意见，但因为股权太过分散，其他股东之间又缺乏联系，很多小股东敢怒不敢言，敢言的也没有其他办法解决问题。在此种情况下，有的股东就找到张伟，要求张伟召开股东会，维护股东利益。

其实，在上述情况下，也只有张伟能召集股东大会，只要股东会召开，就可能罢免李谷等人。所以，创始人即便在退休后，为了维护公司的长久经营及广大股东的利益，也要尽量守住这 10% 的持股底线。

现代企业制度本质上是资本多数决定制，小股东天然处于弱势地位，《中华人民共和国公司法》中与小股东相关的几个比例，对于保护小股东的利益具有重要的作用和意义。

反过来看，单独或合计持股 10% 以上的股东可以提请法院发起解散公司这一点应引起大股东重视，这是《中华人民共和国公司法》对小股东利益的保护，同时也给公司的经营增加了很大的不确定性。公司处于高速发展中，盈利全部投入市场扩张、长期不分红就有可能导致小股东不满，他们站在自己的角度会认为投资迟迟不见回报、利益受损，如果此时他们提请解散公司，将会对公司的经营造成很大的干扰。

因此，对于实践中的内部股权激励，增发股权比例一般不超过总股本的 10%，防止激励对象“抱团”后对公司经营造成意外的干扰；同理，在对外股权融资时，也应尽量避免向一家投资机构增发超过 10% 的股权。如果竞争战略导致资金需求量大，应联系多家投资机构融资以分散持股比例，避免单一机构的股权比例过高。

08

如何看穿
投资公司的骗局

▼

企业融资，是利用外来的资金让企业得到更好发展或帮助企业渡过难关的。然而，一些中小企业和企业家由于缺乏金融知识、工商信息封闭和急于成功等，面对融资问题不够理智，为此付出了巨大的代价。

8.1
冒牌投资公司的 7 个特征

创业者在融资过程中，也许会遇到一些冒牌投资公司，这些公司打着为企业提供融资服务的幌子，通过设计一些金融圈套进行敲诈活动，一些缺乏必需的金融知识，又急于成功的创业者，往往会上当受骗。

创业者因缺乏金融知识受骗

李成在深圳创办了一家小企业，已满 6 年，企业发展不错，为扩大企业规模，便开始寻找融资，但多家风投公司和投资中介公司都以企业规模较小为由拒绝投资。

突然有一天，一个声称总部在纽约的投资集团有投资意向，这可把李成乐坏了。第一次见面，洽谈非常顺利，投资方杨经理详细地了解了李成公司的项目进展状况，并做出乐观评价。

杨经理提出要进一步考察项目的可行性，但按公司规定李成需预付 1 万元考察费，李成欣然同意。对于投资方该持多少股，需对项目估值。杨经理提出，为公平起见，建议由具备资质的评估公司进行评估。停顿片刻，杨经理看了一眼李成："我们可以给您推荐深圳一家著名的评估公司，但评估费由您支付。"

李成联系了杨经理推荐的评估公司，对方张口要 3.2 万元的评估费，李成有一些犹豫，担心受骗。这时，杨经理的电话来了，询问了进展后，表示为快速启动，可以承担10%的评估费，并说他这已破例。

李成又上网搜索这家投资公司，发现工商部门有登记，公司不假，而且在一商业报刊上还有该投资公司中国区负责人与政府官员一起考察投资项目的报道，于是，李成打消了疑虑，支付了90%的评估费。

评估报告出来后，李成与投资方签订了融资意向书，杨经理告诉他一个月后资金到位，随后一个月，李成每天都想着拿到资金后如何扩张公司规模。然而，一个月后，李成没有等到一分钱，却等来了杨经理的电话："公司总部认为您的商业计划书不合格，您需要重新制订商业计划书，制作单位我们指定，钱您出。"

这回，李成没有任何犹豫就拒绝了。杨经理没有放弃，接着说："商业计划书不改也可以，但是审慎调查报告不能少，中英文的，同样是制作单位我们指定，钱您出。"

李成不得不相信自己遇到了冒牌投资机构，去找他们理论，然而，该投资公司渺无踪影，李成只能咽下苦果，安慰自己只当花钱买了个教训。

创业者要掌握以下技巧，准确识别冒牌投资公司的伎俩。

（1）不在本地行骗

冒牌投资人一般不会在本地行骗，这是冒牌投资公司的第一个特征。一般情况下，冒牌投资人在诈骗成功后会逃之夭夭，让被骗的创业者找不到他们。由于冒牌投资人需要在本地立足，这就注定他们不会在本地行骗。在上文提到的李成案例中，李成最终就是因为找不到冒牌投资人的去处，才不得已吃了哑巴亏。

在外地，几乎没有人认识冒牌投资人，所以他们在行骗时便无所顾忌。而且，冒牌投资人知道创业者被骗后一定会找他们，选择在外地行骗方便他们逃离。如果创业者试图寻找骗子的窝点，出于距离的原因，维权讨说法的成本太高，大多数创业者根本承受不起。

另外，冒牌投资人还喜欢选择没有接受过投资的创业者作为目标，因为这样的创业者对投资行业不熟悉，更容易在他们的花言巧语下上当受骗。

（2）热衷于打广告

如今，投资公司的广告比比皆是，不仅一些小网站，大网站也有可能出现冒牌投资公司的广告。即使广告宣传再怎么诱人，创业者也不要病急乱投医而轻易相信广告中的宣传。

（3）冒牌投资公司的业务人员素质不高

真正具有专业技能的人才几乎都不会与骗子同流合污，冒牌投资公司自身也不具备培训员工专业技能的基本能力。

他们之所以被称为骗子，就是因为他们有别于那些真正精通投融资行业规则、能驾驭投融资方向并能够从第三方取得足额资金的人。骗子对具体实质业务缺乏认识，这在谈判中就项目进行深入探讨时很容易看出来。在谈判的过程中，骗子们不会和创业者深入探讨项目本身的发展问题，更多的只是谈如何贷款、必要的程序及花费。

（4）网站杂乱无章

冒牌投资公司的网站经常是杂乱无章的。在互联网时代，大部分公司都会设立一个企业网站，即便是冒牌投资公司也不例外。

但是，由于冒牌投资人大多不具备专业能力，而且资金不足，因此他们不会花心思打理网站。在这种情况下，冒牌投资公司的企业网站很可能采用静态页面，而且网站结构混乱、页面简陋、缺乏内容。当你打开一家投资机构的企业网站，觉得有一种杂乱无章感的时候，你可以试着想一想这家投资机构是不是骗子 。

正规的投资机构一定会将网站设计得很漂亮，展示公司的良好形象，这对于正规投资公司来说是必备的。因此，大家在判断投资人真假的时候，可以看看投资网站的专业度。

（5）喜欢寻找没有相关经验的企业

大部分初创公司的创始人在融资方面都没有什么经验，创业者没有经历过融资项目，不熟悉融资流程，也就很容易被这些骗子利用所谓行业惯例、集团工作规范、国际惯例等说辞摆布。

项目方往往抱着真诚的合作态度，把投资公司视为救星，希望从融资意向书签订开始，就开启融资的大门，结果却是不仅没有融到资金，还被骗走一大笔钱，让企业雪上加霜。

（6）工商注册信息无对外投资内容

如果投资公司没有取得中国大陆的工商注册登记，那么创业者几乎可以判定它是骗子，这是冒牌投资公司的特征之一。当然，即便有工商注册登记，也不排除其是冒牌投资公司的可能性。李成之所以选择相信骗子投资人，就是因为他们有工商注册登记。因此，不能盲目相信有工商注册登记的公司就是真正的投资公司 。

创业者可以登录工商行政管理机关主办或认可的企业信息查询网站进行查询，也可以去该公司经营所在地工商行政管理机关查询。如果没有找到该公司的信息，那么创业者最好不要相信他们所说的。如果信息不完整，那么可以结合其他特征判断其是不是冒牌投资公司 。

（7）找所谓第三方合骗

这些投资人在收取费用时，一般不会直接向你收取，而是假惺惺地说为了公正，会找第三方的机构做 BP、项目评估、律师咨询、担保服务，但其实他们是一伙的，钱到手就一起分账了。

8.2
设置融资骗局的常用套路

随着全球经济一体化，我国中小企业迅猛发展，特别是一批优秀的中小企业获得境外融资后，如雨后春笋般茁壮成长。众所周知，年仅 32 岁的陈天桥，创办盛大网络仅仅 5 年，就在美国纳斯达克成功上市，拥有 150 亿元的资产，成为新中国首富；黄光裕“左右手置换”，轻松地实现了买壳上市；牛根生吸引了世界上最大的投资银行摩根士丹利的注意，使内蒙古大草原上的“牛”，竟然跑出了“火箭”般的速度！可以说，他们是成功企业家的代表，是中国企业境外资本运作的典范。他们的成功，令许多人敬佩、赞叹和羡慕，渴望着自己的企业也能到海外上市，成功地募集一笔资金，早日实现成功梦想。

然而，一些中小企业和企业家由于缺乏金融知识、工商信息封闭和急于成功等，面对融资问题不够理智，为此付出了巨大的代价。

近年来，曾发生过无数起投资公司或投融资服务机构以“美国世界银行集团”或“美国纳斯达克”等驻国内办事处为名号，打着为中小企业提供融资服务的幌子，以“提供巨额项目资金”“先投资后上市”“明投暗贷”等为诱饵进行的融资诈骗活动，骗取境内企业预付大量考察费、评估费、服务费或保证金，骗子随后销声匿迹。他们大肆进行诈骗活动，并且日益猖獗，手法日益隐蔽，应当引起警惕。

（1）普遍撒网，海选“目标客户”

融资骗子通过正当程序注册国内代表处并提供融资的一套专业方案和步骤，专业设计一套目标针对中小企业的诈骗网络，在新闻媒体、网络上讲出头头是道的融资理论，并借助一些政府机构或社会团体组织的针对企业的咨询洽谈会、论坛等活动，绘声绘色地做融资“演讲报告”，甚至能提供融资成功案例，比如借贷合同、放款凭证等。接着冒牌投资公司就会跟创业者谈项目，认为创业者的项目符合融资要求、利率有浮动的空间、额度有上调的可能等。

冒牌投资公司做的这一切，都是为了给继续行骗打基础。真正专业的投资人往往会显得十分谨慎，极少在一次见面后就轻易许诺。

（2）派“专家”进行“实地考察”

所谓“派专家实地考察”，目的是骗取考察费，在 1 万 ~3 万元，派去几个人到项目地进行所谓的考察。为了表现他们是比较正规的公司，同时还会带一个律师一起去，还要做一个《律师资信调查报告》，就是律师装模作样地查看企业的《营业执照》《银行开户许可证》等资料，这份报告费用为 10 万 ~15 万元。

为了增加可信度，骗子们还会做一份《项目考察实地记录纲要》，他们会一起签字画押，表示大家一致同意，说这些文件要报送到所谓的总部审批等谎言，给融资企业负责人一颗定心丸，使创业者感觉这钱花得值得、此项目有希望，他们才好实施下一步诈骗行为。

事实上，正规的投资机构都拥有自己的管理费用，当公司决定将项目方纳入考察范围或者要投资项目方时，会自行支付差旅费、管理费等。创业者如果遇到这种索要考察费的投资方，一定要警惕。

（3）公关

冒牌投资公司往往会要求和项目方开借贷双方的见面会及贷审会。在见面会上，先是项目方作介绍及 PPT 演示，再是投资方作 PPT 介绍，接着是投资方的财务、投资、风控、股东代表等纷纷提出尖锐问题，让项目方解释。

最后投资方进行表决，多数举手赞成，少数举手反对。贷审会结束，冒牌投资公司就会要求项目方“公关”，并借此机会要挟创始人拿出更多的资金。在成功骗取资金后，骗子们的意见就会“一致”了。

（4）初审通过后签订合资意向书

融资骗子大约在两周后，会打电话告知企业：“贵企业的项目已经通过，总部决定投资，请你们来签署有关法律文书。”

在签订《合资意向书》或《投资协议书》时，他们才告诉你需要补充一些资料，装腔作势地对融资人说，现在总部要求做一份符合国际惯例的中英文版《商业计划书》，必须由总部认可的具有权威性的机构编写，费用由创业者公司自行承担，还会假装“我们尽量帮你打招呼，优惠一些，你们现在是投资期间很多地方都需要花钱的”。说得融资人感动不已，再加上已经签订了《投资协议书》，心存侥幸，骗子便抓住融资人的心理展开攻势，这个所谓符合国际惯例的中英文版《商业计划书》15 万 ~20 万元的编写费用，就这样落入融资骗子同伙的账号了。

（5）进行资产评估

骗走了办理《商业计划书》的 15 万 ~20 万元之后，再开始骗《资产评估报告》费用，融资骗子们的理由是“对你们企业的资产进行评估以后用项目本身作为抵押”。

融资人听了这样“合情合理”的要求，会认为这似乎是应该做的，不然投资人怎么可能放心“投资”呢？

就在这样“合情合理”的情况下，高达 20 万 ~30 万元的《资产评估报告》费用又落入融资骗子指定的资产评估机构的账号里。

企业如果付了这些钱，就意味着已陷入泥潭深渊，无法自拔。

8.3 谨防真投资公司设立陷阱

企业融资，是利用外来的资金让企业得到更好发展或帮助企业渡过难关的。

然而，创业者为了能够尽快融资，并不能控制好融资过程中的每一个环节，一不小心就会掉入投资人挖下的陷阱，一旦陷入其中，不仅无法给企业带来帮助，还会对企业造成重创。因此，在融资过程中，创业者必须保持冷静的头脑，不能为了拿到资金而忽视了融资存在的陷阱。

创业者会“隐藏”企业的不足，投资人同样也会隐藏相关政策法规、商业规则，以及通过融资机构的组织重置、部门变动、人员更替等架空创业者。

还有的投资人看到了项目前景，投资后企业运转越来越规范，甚至回报丰厚，这时，投资人很可能投入一笔资金，拿到创意或技术后再撤资，并另起炉灶。另外，在融资时还要避免陷入其他陷阱。

（1）结合经营者做担保

创业者为了能够拿到资金，选择与其他企业共同合作，引进合作方资金，这是经常使用的一种融资方式。

但在操作过程中，创业者为了能够尽快拿到资金，在对合作方的信誉、资产状况、合作意图都不了解的情况下，贸然合作，甚至以自身的资产和信誉为对方提供担保来完成融资，这种情况往往会被图谋不轨的人利用，把企业所得的担保贷款移作他用或携款逃跑等。等创业者明白过来，企业不仅没有融资成功，反而惹了一身债务。

（2）商业机密泄露

任何融资行为都具有一定的风险，在融资过程中企业可能会想到规避其他风险，但唯一难规避的就是商业机密泄露的风险。

商业机密是指不为公众所知悉、能为权利人带来经济利益、具有实用性并经权利人采取保密措施的设计资料、程序、产品配方、制作工艺、制作方法、管理方法、客户名单、运营策略等技术信息和经营信息。

其中，不为公众所知悉，是指该信息不能在公开渠道直接获取，但不法分子会通过某些手段，获得权利人的商业机密，导致商业机密泄露，造成融资失败。一般来说，能够泄露商业机密的六个途径如表8-1所示。

表8-1　能够泄露商业机密的六个途径

主要途径	具体方式
离职或在职员工	员工离职后，受不当利益驱使，可能带走商业机密；或在职员工受利益驱使，向他人提供商业机密
商业间谍	想赢对手，就要知道对手的商业机密，这种观念使越来越多的公司利用间谍非法获取竞争对手商业机密
外来人员	外来人员包括采访、参观、考察等人员，他们因各种原因来到公司，很可能疏忽大意，造成商业机密泄露
供应商或客户	企业经常需要把产品的零部件、原材料、生产设备或工艺机密透露给供应商或客户，因此，要预防被竞争对手窃取
技术演讲发表会	就某技术发表论文及演讲时，把专业内容分享给同行，这意味着信息已泄露，企业不再拥有独享商业机密的权利
广告及商贸展览	在促销产品、推广宣传新技术时，难免发生技术泄露，创业者对此要衡量到底该讲哪部分技术，哪部分是核心机密

为了防止企业商业机密技术被泄露，企业应注意以下四个方面：

①初步接洽时，只提供计划书的摘要；

②商业计划书尽量不要披露特别机密的信息和数据，只需要把拥有的产品和技术能够带来的好处和收益、满足的市场需求描述清楚即可；

③有些关键性的商业秘密或技巧，不到最后的关键时刻不要急于讲出来；

④签署保密协议，包括保密范围、保密义务对象范围、对信息接收方的要求、保密期、违约责任等内容。

（3）负债经营

企业贷款是一种司空见惯的商业行为。但对于多数初创企业和个人创业者来讲，由于其没有企业经营经验，在贷款后很可能控制不好银行的利息，使企业踏上高负债经营之路。如果出现这种情况，企业不仅融资困难，甚至可能最终因资不抵债走向破产。

（4）非法借贷

有些创业者因企业急需资金，或项目急需启动资金，在融资进行不顺利时，很可能想到低息贷款，或向其他企业非法拆借资金来缓解资金压力。殊不知，这往往会中了别人的圈套。并且，这些借贷方式不被法律所允许，一旦对方起诉，创业者企业会因为得不到法律的支持而遭到重创。

（5）协议陷阱

投资人是资本财务运作专家，也是制定条款清单的专家。从一定角度讲，投资人在制定条款清单时，都会在一定程度上保护自己的权益与利益，这无形中伤害了创业者的利益与权益。为此，创业者在签署投资条款清单时，需要了解投资人一般喜欢挖什么样的陷阱，具体如表 8–2 所示。

表 8-2 常见的协议陷阱

类型	含义
单项限制条款	一般表现的方式有两种：单项锁定条款和单项禁止条款。比如，在签订正式协议前，投资人会要求创业者先签订其他条款，这些条款只是约束创业者的，目的是通过“禁止”条款让创业者失去权益
企业低卖条款	在签订协议前，投资人会觉得企业不错，等真正签署协议时，又会挑企业的毛病。这时，创业者很容易为了拿到资金，给企业很低估值，从而降低了企业的投资价值
优先权条款	一家经营良好的企业未必没有投资风险，为了降低自己的风险，投资人会希望签署优先权，以确保自己的利益。比如，优先清算权、优先购买股份权、优先融资权等
“失去控制”条款	创业者用股权融资，企业股权发生变更。当所有权变更时，如果投资人在中间设置了“单项限制”条款，创业者就会失去对企业的控制，被投资人赶出企业

为此，创业者在签署各种协议时，最好全程聘请专业律师，以防止自己的企业被“低价出售”。

8.4
避免融资触雷 6 种实用技巧

创业艰难，一不小心就会触雷导致创业失败。如何避免触碰雷区呢？

（1）广泛接触投资人

创业者首先应当广泛接触投资人，可以列一张投资人清单，包括有资金实力的校友、同行创业者、同职业之人、公开的投资人名单等。

广泛接触后，创业者就会有初步判断，从中筛选 3~5 个有真正投资意向的投资人进行深入的接触和沟通，再从中选择一个投资人签订投资条款清单。需注意，签署投资条款清单并不意味着投资人一定会投资，有的投资人轻易就给出投资条款清单，但最后不投的可能性非常大。

建议在拿到正式协议前，随时准备新的融资，钱还没到手的时候，始终不能放弃前投资人。

（2）不要盲目追求高融资数额

追求短期内的高融资数额，相应给出的股份和付出的代价也会多，这对下一轮融资而言并非好事。企业成长的关键还是那些创业者，如果创业者盲目追求高估值融资来补贴客户做大自己，而忽视产品质量，一旦融资链条无法及时跟进，就是自废武功。

在这里提醒创业者，需谨记融资数额应当根据公司的实际发展情况确定，而不是盲目追求高融资。

（3）找到一家坚定的领投方

领投方的态度是否坚定直接影响着创业者融资能否成功。有的领投方对创业项目的商业模式有着清晰的认知和坚定的判断，并通过自身背书给项目带来了品牌效应，吸引跟投则显得相对容易。

领投人已经决定投资的信号对其他投资人具有很强的说服力。那么，创业者如何才能找到坚定的领投方呢？

第一，说服想要跟投的投资人领投。

除团队和项目自身魅力外，创业者还可向投资人适当施压，让真正想要参与的投资人做领投人，暗示投资人如果不领投，很可能连跟投的机会都会丧失。因为一旦找到了领投人，领投人很可能会希望独自投资或自己引入合作的跟投方。

当然，施压时不要太绝对或过于直白，这样有可能会断了自己的后路。

第二，让跟投方介绍领投方。

有的投资人可能无法做领投方，创业者可以试着让跟投方引荐和介绍领投方。如果创业者因此找到了合适的领投方，领投方基于市场惯例不会踢开跟投方；反之，说明投资人只是委婉地拒绝投资或保留跟风投资的机会。那么创业者根本不需要在这样的投资人身上浪费时间，应当及时转移焦点。

第三，将潜在领投人聘请为公司顾问。

领投人往往在相关领域具有丰富的投资经验和行业影响力，作为公司顾问，可以为创业公司提供很多有价值的建议。当他们深入了解公司市场、产品和团队后，拿钱投资做领投的可能性更大。

第四，用项目成绩单吸引领投人。

提供项目成绩单是最能说服投资人的方式。创业者固执地给投资人发邮件或打电话或许不如想办法提升项目，拿到一份漂亮的成绩单，领投人自会主动找上你。

需要注意的是，创业者应当寻找在相关领域具有丰富经验和影响力的投资人做领投人，这样才能发挥领投人效应，让公司更快地拿到投资。

（4）早期项目可寻求财富顾问机构的帮助

早期创业者拥有的资源较少，很难在短时间内独立找到投资人。而财富顾问机构则可帮助创业者筛选大量投资机构，在短期内获得匹配资源，缩短融资时间，还可以事先对融资机构的真实性、合同及流程是否有漏洞进行调查确认。

有很多明星项目、明星创始人都是通过财富顾问机构找到投资人的。一些财务顾问机构还能预估行业动态和市场动态，帮助创业者设定最适当的融资时段、估值及融资数额，甚至具有行业资源整合能力。

（5）通过公开信息和口碑过滤不靠谱的投资人

不靠谱的投资人会给创业者带来毁灭性的危害，包括套取公司机密数据透露给竞争对手或复制公司的商业模式自己去创业等。因此，在接触投资人初期先对投资人进行全方位调查判断非常必要。

怎么去做这样的尽职调查呢？

创业者可以直接向投资人提问以了解信息，对于投资人的答案，通过公开渠道（政府管理部门、媒体、网络等）和非公开渠道验证并搜集更多信息。

正规的投资机构一定会在工商局注册，也会在基金业协会备案。通过全国企业信用信息公示系统查询，创业者可初步判断和过滤掉一些不靠谱的投资机构。

非公开渠道主要包括投资机构的有限合伙人、合作伙伴（会计师事务所和律师事务所等）、投资人朋友及投资过的创业者等，通过他们或许可以打听到投资机构的靠谱程度和口碑。

越是优秀的投资机构对尽职调查表现得越是坦然，而不靠谱的投资机构则会非常紧张，对此很是忌讳。

（6）给排他性条款加一个期限

如果创业者签署了排他性条款，只能接触这家投资机构，不能与其他投资人谈判，那么风险会很大。比如很多创业者与投资人签订了投资条款清单后，投资人却迟迟没进展。坚持过排他期后，公司错过最佳融资时间，已半死不活。

签订排他性条款后创业者只能把时间花费在一家投资机构身上，一旦最终融资失败，创业者就很难向其他投资人解释清楚而重新融资。

对创业者来说，不签排他性条款最好，如果一定要签，最好对排他性条款加以限制，而且时间越短越好，如一个月。一旦到期，而对方态度又不明确，创业者就最好立即放弃这家机构，开始新一轮的融资接触。

09

合伙人“分手”后退出股权的6种机制

▼

“投进去简单，退出来难，只有成功退出才算真正投资成功。”对于VC/PE而言，投资的重要环节是退出。如今，许多投资人在投资企业时，往往都是以在最合适的时机进行出售为目的。在最为合适的时机从企业退出，投资人就能将自己的投资回报最大化。可以说，在退出之后，投资的整个过程才算是真正完成。

9.1
IPO 退出：投资人热衷的退出方式

投资人进行股权投资的目的，是通过帮助企业成长从而获得回报，而非长期持有股份。实现收益的关键是实现股权退出，其中 IPO 退出是重要的退出渠道。

IPO，即首次公开发行股票，也就是常说的上市，是指企业在发展成熟以后，通过在证券市场挂牌上市使私募股权投资资金实现增值和退出的方式。企业上市主要分为境内上市和境外上市，境内上市主要是指深交所或上交所上市，境外上市常见的有港交所、纽交所和纳斯达克上市等。

兰馨亚洲通过申请境外上市获益

福建联合动力集团（以下简称“联合动力”）成立于 2003 年，集团业务涉及中小型通用发电机、通用发电机组、水泵及清洗机等家用中小型机电产品。2010 年 5 月，兰馨亚洲投资集团（以下简称“兰馨亚洲”）向联合动力投资 2450 万美元。至联合动力上市前，兰馨亚洲持有其 1303440 股股份，持股比例为 13.0%。2011 年 6 月 10 日，联合动力科技股份有限公司在法兰克福证券交易所上市，发行股票 230 万股，每股发行价为 9.00 欧元，共募集资金 2070 万欧元。

上市之后，兰馨亚洲持股比例被稀释为 8.7%。以联合动力发行价 9.00 欧元计算，兰馨亚洲的账面投资回报率为 0.69 倍。兰馨亚洲以联合动力申请境外上市的方式获得收益。

2018 年 A 股 IPO 数量出现了大幅度下滑，全年首发过会企业仅 111 家，较 2017 年下降 71%。2018 年全年审核企业共计 199 家，整体过会率仅 56%，较 2017 年下跌 20 个百分点。由图 9-1 可知，虽然 2018 年下半年通过率略有回升，但是审核数量持续下降。A 股市场始终强调利润背书，2018 年审核的利润红线尤为明显：超过 75% 的过会企业上年度审计的净利润超过 1 亿元。在当前 A 股的发行制度下，机构退出周期长，难度大，不确定性高。大部分企业，尤其是新经济企业，无法依靠 A 股 IPO 实现退出。

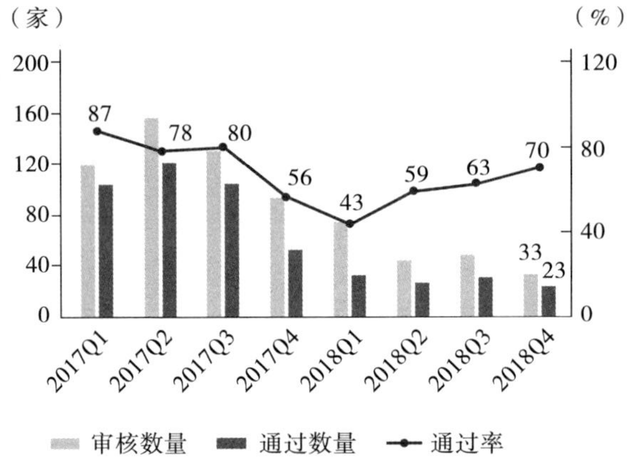

图9-1　A股IPO审核情况

因此，新经济公司唯有在“上市即破发”临界点到来前，将登陆异地资本市场的时间提前，蜂拥抢登中国香港和美国股权市场，通过 IPO 募集大量资金在寒冬中存活下来；而未能及时上市的竞争对手则极有可能因为在一级市场“断粮”，黯然消失于凛冬中。

那通过 IPO 退出的头部机构都有谁？根据北京企名片科技有限公司数据统计，截至 2018 年 11 月 24 日，IPO 战绩靠前的机构分别是 IDG 资本 17 家、红杉资本中国 14 家、腾讯产业共赢基金 11 家、高瓴资本 10 家、顺为资本 9 家、晨兴资本 6 家。2017 年表现亮眼的本土创投机构深创投、达晨创投，2018 年项目 IPO 数量均有所减少。对于双币管理比较均衡的机构，这两年的 IPO 数量变化情况并不大。据悉，不少人民币基金管理人已经开始募集美元基金。

从这些数据可以一窥中国创投行业的最新格局，头部机构在退出上占据绝对优势。

在证券市场杠杆的作用下，IPO 之后，投资机构可抛售持有的股票获得高额的收益。对企业来说，除了企业股票的增值，也体现了资本市场对企业良好经营业绩的认可，可以使企业在证券市场上获得更多的融资。

IPO 退出方式主要的有利之处包括：

①能够让投资者获得较高的收益回报；

②是实现投资者、企业管理层、企业自身三方利益最大化的理想途径；

③有利于提高 PE 的知名度。

IPO 作为最理想的退出方式，具有实现 PE 和目标企业双赢的效果，但就现实情况来看，IPO 退出也存在着一定的局限：

①上市门槛高；

② IPO 所需时间长，机会成本高；

③ IPO 退出面临诸多风险。

9.2
并购退出：交易快捷但收益率较低

兼并收购是私募股权投资基金在时机成熟时，将目标企业的股权转让给第三方，以确保所投资金顺利撤出。并购退出是私募股权投资最终资本退出的一种重要方式，实际上就是私募股权基金和目标公司管理层认为企业的价值已达到预期，把企业作为一种产品推介，将其出售给其他 PE 或另一家公司。

并购退出未来将会成为重要的退出渠道，这主要是因为新股发行依旧趋于谨慎状态，对于寻求快速套现的资本而言，并购能更快实现退出。同时，随着行业的逐渐成熟，并购也是整合行业资源最有效的方式。

（1）资本市场估值持续走低，却正是并购活跃时期

2018 年，国内二级市场进入下行周期，很多上市企业估值也跌到接近历史低点，但并购市场却依旧活跃。回顾 2014—2018 年的市场情况，我们发现，在二级市场高峰与低迷的时期，均出现了并购活跃的情况。

在二级市场的高峰期，并购的繁荣应该易于理解，但宏观经济攻坚的阶段亦是并购的活跃周期，这一现象背后所遵循的逻辑是，在资本市场底部，随着市场流动性的降低，市场估值通常更趋于回归理性。企业之间抱团取暖过冬的需求在经济周期下行时期更为旺盛，从而导致产业之间进一步整合的交易成本降低，而交易收益上升。

（2）利好政策不断，资金端退出松绑可期

并购重组监管在经历了2014—2015年的宽松，再至2016—2017年的收紧之后，2018年第三季度起，再次迎来宽松周期。从审核速度、可并购资产和方向、模糊地带监管和创新方案设计、信息披露四大层面对并购重组和再融资政策进行松绑，利好不断。

但目前的政策改革仍未触及并解决并购资金端受限的问题。2018年，二级市场的整体下行使得上市公司资金紧缺，股票质押也已运用到极致；《关于规范金融机构资产管理业务的指导意见》的出台又导致能参与并购重组的资金大幅减少；而2017年初实行的定增新规，又对上市公司的再融资能力造成了直接打击。

就近年情况来看，由于政策修订未涉及定增定价等核心规则，定增市场持续遇冷，成为上市公司开展并购重组的直接阻碍。若后续再融资市场情况持续不乐观，市场也许会迎来更多规则修订，更加关键的定增定价、定增上限或有被放开的可能性，值得期待。

此外，减持新规在2018年亦未出现放松的迹象，这是抑制投资机构参与并购的另一个重要因素。由于通过上市公司退出，周期会延长不少，投资回报降低的同时也有投资风险加大的可能，因此使得不少并购基金望而却步。

（3）IPO退出优势减弱情况下，并购退出优势凸显

2010—2013年成立的私募基金已面临必须退出的节点。此外，政府引导基金自2014年起高速发展，亦有大量资金正等待退出。而在资管新规影响下，不少银行投资项目也面临着退出压力。

从资本回报绝对值来看，IPO依然是最优的退出路径，并购其次。但2018年以来境内IPO的规则逐渐变严，盈利空间持续压缩；海外市场IPO估值优势不再，市场对新股投资趋于避险，破发潮恐成常态；同时，在减持新规未有放宽的背景下，许多A股上市企业的投资机构无法按计划实现退出。

即使在境外上市过了6个月解禁期就可以出售，也通常因为股票流动性差和后市低迷，机构退出困难。从操作难度、回报周期及上市回报率等多方面来看，IPO退出的优势都在逐渐减弱，要实现真金白银的退出，并购可以说是当下最靠谱的路径。

（4）二级市场估值低于一级市场，基金控盘上市公司开辟退出新渠道

“控股型投资”现象在2018年已有显现，主要原因在于目前一、二级市场估值倒挂情况普遍，小市值公司在市场上的比例不断上升。对一些细分行业的上市公司的估值甚至低于同赛道的一级市场企业。二级市场已经开始吸引资本的大举并购。

而在现行政策背景下，基金自身谋求上市基本无望，有实力的机构通过并购等途径成为企业的实控人或二股东，则可以较低的交易价格间接获得上市平台。借助二级市场平台，机构可为自身提供流动性，也方便整合体系内的产业资源，通过收购或参股已经投资的项目，为自己打通退出渠道。控股型的投资方式使得基金拥有更为主动的管理权。

※并购退出的两种情况

从选择并购退出的原因分析，大致可以分为两种情况：正向并购和反向并购。正向并购是指为了推动企业价值持续快速提升，将并购双方对价合并，投资机构被稀释股份之后继续持有或直接退出；反向并购就是以投资退出为目标的并购，也就是主观上要兑现投资收益的行为。

投资方选择正向并购的原因，是推动企业价值的提升，在获得投资增值的同时产生协同效应。

2004年，澳银外币基金投资框架传媒，2005年框架传媒被分众传媒收购，分众传媒先期支付了3960万美元现金和价值5590万美元的股票。框架传媒实现2006年的盈利目标后，分众传媒再次支付了8800万美元。当时，分众传媒在楼宇、电梯广告市场形成了初步的垄断地位，其上市一年后，股价涨了 200%。最终，澳银资本在这次并购中获得 36 倍的账面回报。

投资方选择反向并购退出往往是因为投资项目发展遇到瓶颈，IPO 遥遥无期，为了兑现投资收益不得已而为之。

2014 年 6 月，澳银资本完成两起退出，其旗下华澳基金投资的航通智能被佳寻飞鸿以 2.08 亿元收购，同样也是华澳基金投资的众为被新时达收购。澳银资本在这两个并购退出案例中，分别获得了 2.5 倍和 4 倍的账面回报。

※并购退出的利弊

并购退出的优势如下：

①资金回笼速度快，收购方一般都是大企业，其资金规模和融资能力强，可以提供足够的资金使投资机构顺利退出；

②只要在并购交易完成后，即可一次性全部退出，交易价格及退出回报较为明确；

③不受 IPO 诸多条件的限制，复杂性较低，花费时间较少；

④被兼并的企业之间还可以共享对方的资源与渠道，这也将大大提升企业运转效率。

并购退出的弊端如下：

①潜在的实力买家数量有限；

②市场信息不对称，企业价值可能被低估；

③企业的产权或控制权可能发生转移，管理层可能产生抵触情绪。

9.3
回购退出：操作简单且收益稳定

回购指在股权投资中，投资人对目标公司出资之后，出于回报率的要求，与公司或其创始股东（创始人）达成的、要求公司或其创始股东（创始人）在未来特定情形发生之时回购投资人所持有的目标公司股权（份）的交易条款。

收购价格一般为投资人原始投入的资金成本加上投资期间一定的年化收益率。实践中，如果公司或其创始股东（创始人）找到其他第三方进行收购，也视为其完成回购义务。

回购退出，对于企业而言，可以保持公司的独立性，避免创业资本的退出给企业运营造成大的震动，企业家可以由此获得已经壮大了的企业的所有权和控制权，同时交易复杂性较低，成本也较低。

但是对于投资机构而言，创业资本通过管理层回购退出的收益率远低于 IPO 方式，同时要求管理层能够找到好的融资杠杆，为回购提供资金支持。通常此种方式适用于那些经营日趋稳定但上市无望的企业，根据双方签订的投资协议，创业投资公司向被投企业管理层转让所持公司股份。

由此可见，相较于上市退出和并购退出，回购条款设置最初目的不是追逐“超额”风险投资回报，而是在公司经营情况不尽如人意，其上市或被并购遥遥无期的情况下，给长期押注在一家创业公司的投资人提供一条创业公司可以承担且投资人能获得一定投资回报的退出途径。

公司清算，“盛大”私有化

2011年10月17日盛大网络集团公司宣布，其董事长已于10月15日收到公司创始人、董事长、CEO兼总裁陈天桥提交的收购盛大网络所有已公开发行股份的初步建议函。

陈天桥提出以每个美国存托凭证（ADS）41.35美元的现金价格收购盛大已发行的股票中非由陈天桥、陈天桥妻子雒芊芊（时任盛大董事会成员）以及陈天桥弟弟陈大年（时任盛大COO及董事会成员）持有的股份。

如果陈天桥的建议被采纳，意味着盛大网络将完全由陈天桥家族全资占有。一旦成功，无论是风投还是其他投资人，都会退出盛大。陈天桥以这样的方式收回了盛大剩余的股份，从而完全拥有了盛大。

这种方式就是股权回购，为投资者提供了退出方式。

※如何确定退出价格

股权回购实际上就是“买断”，建议创始人对于退出的合伙人，一方面，可以全部或部分回收股权；另一方面，必须承认合伙人的历史贡献，按照一定溢价或折价回购股权。这不仅关系到合伙人的退出，更关系到企业长远的文化建设。

对于如何确定具体的退出价格，公司创始人需要考虑两个因素：一是退出价格基数；二是溢价或折价倍数。

比如，可以按照合伙人掏钱买股权的购买价格的一定溢价回购，或退出合伙人按照其持股比例可参与分配公司净资产或净利润的一定溢价，也可以按照公司最近一轮融资估值的一定折扣价回购。至于选取哪个退出价格基数，不同商业模式的公司会存在差异。

京东上市时虽然估值约300亿美元，但公司资产负债表不太好。很多互联网新经济企业都存在类似情形。一方面，如果按照合伙人退出时可参与分配公司净利润的一定溢价回购的原则，合伙人很可能勤勤恳恳工作了多年，退出时却被净身出户；另一方面，如果按照公司最近一轮融资估值的价格回购，公司又会面临很大的现金流压力。

因此，对于具体回购价格的确定，需要分析公司具体的商业模式，既让退出合伙人可以分享企业成长收益，又不让公司有过大现金流压力，还能预留一定调整空间和灵活性。

※回购退出的利弊

回购退出的优势如下：

①简便易行。

股权回购涉及的当事人仅仅是创投机构与回购主体，只要双方达成意思表示的一致，在不违反现行法律的条件下就可以顺利实施。

②成本较低。

由于回购的双方主体均对标的公司较为了解，收购方不需要进行尽职调查，故谈判、磋商成本较低，如果是事先由契约安排的回购条款，则回购成本更低。

③收益较低。

对创投机构而言，与IPO等退出方式相比，以股权回购方式退出的投资收益较低。

④风险可控。

以契约事先安排的股权回购，其回购条款是在投资之初确定的，对创投机构而言风险可控，是创投机构控制风险的重要手段之一。

⑤有所限制。

为了维护资本维持原则，保护相关方权益不受损害，《中华人民共和国公司法》第一百四十九条对股份有限公司股权回购在回购事由、股权注销期限、收购资金来源等方面做出了一定限制。

任何一项制度都有两面性，股份回购也不例外。股份回购容易引发内幕交易、操作证券交易市场等行为。公司董事、监事、经理及其他管理人员由于其职务上的便利条件，很容易掌握公司内部的决策意向，可以轻易地利用该内幕消息，从事获利或避免损失的股票交易。

9.4

破产清算：尽可能地减少损失

清算是指企业结束经营活动，处置资产并进行分配的行为。清算退出，是指投资方通过被投资企业清算实现退出，是主要针对投资项目失败的一种退出方式。

清算是一个企业倒闭之前的止损措施，并不是所有投资失败的企业都会进行破产清算，申请破产并进行清算是有成本的。而且，还要经过耗时长、较为复杂的法律程序。如果一个失败的投资项目没有其他的债务，或者虽有少量的其他债务，但是债权人不予追究。那么，一些创业资本家和企业不会申请破产，而是会采用其他的方法来经营，并通过协商等方式决定企业残值的分配。

※清算退出的方式

（1）解散清算

解散清算是指公司因为经营期满，或者因为经营方面的其他原因致使公司不宜或者不能继续经营时，自愿或被迫宣告解散而进行的清算。根据《中华人民共和国公司法》的规定，公司应当进行解散清算的情形有以下几种：

①公司章程规定的营业期届满或者公司章程规定的其他解散事由

出现。

②股东会或者股东大会决议解散。

③因公司合并或分立需要解散。

④公司依法被吊销营业执照、责令关闭或者被撤销。

⑤公司经营管理发生严重困难，继续存续会使股东权益受到重大的损失，通过其他途径不能解决，持有公司全部股东表决权10%以上的股东，可以请求人民法院解散公司。

（2）破产清算

破产清算是指公司不能清偿到期债务，并且资产不足以清偿全部债务或者明显缺乏清偿能力时，公司由法院宣告破产，并由法院组织对公司进行清算。

※清算退出的流程和方法

（1）清查公司财产、制定清算方案

①调查和清理公司财产。清算组在催告债权人申报债权的同时，应当调查和清理公司的财产。根据债权人的申请和调查清理的情况编制公司资产负债表、财产清单以及债权、债务目录。

②制定清算方案。编制公司财务会计报告之后，清算组应当制定清算方案，提出收取债权和清偿债务的具体安排。

③提交股东大会（股东会）通过或报主管机关确认。

④若公司财产不足清偿债务的，清算组有责任向有管辖权的人民法院申请宣告破产。经人民法院裁定宣告破产后，清算组应当将清算事务移交人民法院。

（2）了结公司债权、债务

①处理公司未了结的业务。清算期间，公司不得开展新的经营活动。但是，公司清算组为了清算的目的，有权处理公司尚未了结的业务。

②收取公司债权。清算组应当及时向公司债务人要求清偿已经到期的公司债权。

③对于未到期的公司债权，应当尽可能要求债务人提前清偿，如果债务人不同意提前清偿的，清算组可以通过转让债权等方法变相清偿。

④清偿公司债务。公司清算组通过清理公司财产、编制资产负债表和财产清单，确认公司现有的财产和债权大于所欠债务，并且足以偿还公司全部债务时，应当按照法定的顺序向债权人清偿债务。

（3）剩余部分进行分配

公司清偿了全部债务之后，如果公司财产还有剩余，清算组可将公司剩余财产分配给包括股权投资基金在内的股东。股东之间如果依法约定了分配顺序和份额，可以按约定进行分配；如果没有约定，则按股权比例进行分配。

破产清算是不得已而为之的一种方式，优点是尚能收回部分投资；缺点是显而易见的，意味着本项目的投资亏损，资金收益率为负数。

9.5

新三板退出：适合中小企业的方式

新三板全称“全国中小企业股份转让系统”，是我国多层次资本市场的一个重要组成部分，是继上海证券交易所、深圳证券交易所之后第三家全国性证券交易场所。目前，新三板的转让方式有协议转让和做市转让两种。协议转让是指在股份转让系统主持下，买卖双方通过洽谈协商，达成股权交易；而做市转让则是在买卖双方之间再添加一个居间者——“做市商”。

新三板造富：金刚游戏股东减持获利

2015 年 4 月 3 日，新三板挂牌公司北京金刚游戏科技股份有限公司（以下简称“金刚游戏”）发布的权益变动公告显示，股票以 20 元 / 股的价格成交了 200.4 万股，造成交易异动，当日股票换手率超过 10%，其中，公司股东杜涛将持有的 200 万股转让给中投中财（苏州）游戏产业投资管理中心（有限合伙），至此杜涛套现资金 4000 万元。

上述交易因在历史高位且成交量较大而引发市场关注，同时股东杜涛的大量套现也将其推向“幕前”。

资料显示，金刚游戏成立于 2010 年 7 月，2013 年通过借壳“易生创新”踏入资本市场，成为新三板挂牌的第一家游戏企业。

正是由于此次借壳，公司股权结构发生变化，杜涛的股份也源于此。据公告，易生创新在 2013 年 9 月到 11 月发布了 5 个权益变动公告，其中 2013 年 11 月 8 日，杜涛通过全国股份转让系统从易生创新控股股东刘文斌处受让 10 万股股份，持股比例达 1%（此次转让前杜涛不持有公司股份）；同年 11 月 14 日，杜涛又通过同样的方式增持 39.575 万股，持股比例增加 3.96%。

虽然，易生创新公告未显示上述两笔交易的转让价格，但是从行情图上看，这两笔交易价格均为 1.1 元 / 股。

经过多次增持，截至 2013 年底杜涛已成为金刚游戏第五大股东，持股 69.075 万股，比例达 6.91%；而 2014 年其又从原第三大股东郑冰天处受让 11.9 万股，持股数量增加至 80.975 万股，比例达 8.1%，上升至公司第四大股东。

2015 年 2 月 16 日，金刚游戏的原董事长兼总经理、公司第二大股东刘文斌通过全国中小企业股份转让系统以协议转让的方式减持金刚游戏 483.2 万股，减持股份占金刚游戏总股份的 24.16%，减持后其所持股份降至 1.0877%，此后刘文斌因个人原因辞去公司职务。

刘文斌退出的股份，接盘方为洪劲龙和杜涛，两人分别受让 315.9 万股和 94.6 万股，杜涛进一步增持后持股达到 12.1455%，成为第三大股东。而这次系统显示的交易价格更是低至 1.25 元 / 股。

就在 1 个多月后，杜涛就以 20 元 / 股的价格大手笔减持了 200 万股，占金刚游戏股份总额的 8%，减持后杜涛仍持有股份 111.99 万股，占比 4.48%。

记者注意到，金刚游戏自挂牌以来成交稀少，最高价为 20 元 / 股，而杜涛持股成本在 2 元 / 股以下，由此粗略计算，杜涛此次减持获利超过 10 倍，而其持股周期仅为 19 个月。

相对于其他退出方式，新三板主要有以下优点：

①新三板市场的市场化程度比较高且发展非常快；

②新三板市场的机制比较灵活，比主板市场宽松；

③相对主板来说，新三板挂牌条件宽松，挂牌时间短，挂牌成本低；

④国家政策的大力扶持。

但是，新三板市场的流动性、退出价格一直饱受资本市场诟病，究其原因，主要是因为投资者门槛过高、做市券商的定位偏差、做市商数量不足、政策预期不明朗等。关于增加做市商、扩大做市商范围等改革措施未来仍有完善空间。

对企业来说，鉴于新三板市场带来的融资功能和可能带来的并购预期、广告效应及政府政策的支持等，是目前中小企业一个比较好的融资选择；对机构及个人来说，相对主板门槛更低的进入壁垒及其灵活的协议转让和做市转让制度，能更快实现退出。

9.6

借壳上市：通过二级市场间接退出

所谓借壳上市，指一些非上市公司通过收购一些业绩较差、筹资能力弱化的上市公司，剥离被购公司资产，注入自己的资产，从而实现间接上市的操作手段。

※借壳上市的优点

相对正在排队等候 IPO 的公司而言，借壳的平均时间大大减少，

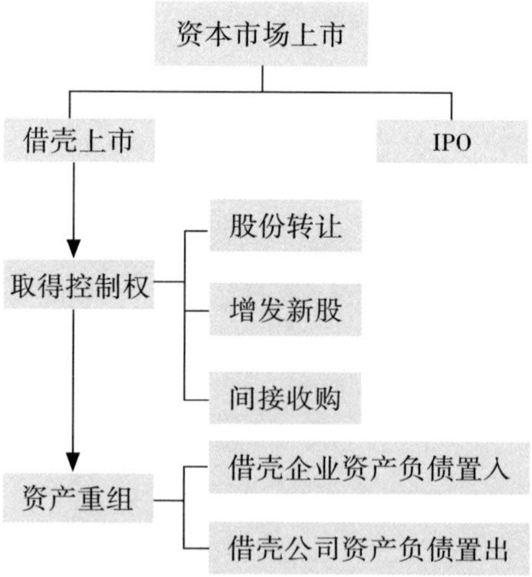

图9-2　公司上市的几种方式

在所有资质都合格的情况下，半年以内就能走完整个审批流程，也少了庞大的律师费用，而且无须公开企业的各项指标。

图 9-2 为公司上市的几种方式。取得借壳公司的控制权又分为：股份转让方式、增发新股方式及间接收购方式。对借壳公司进行资产重组可分为：借壳公司原有资产负债置出和借壳企业资产负债置入。

华神集团间接转让易主

2015 年 8 月 31 日，华神集团公告，四川泰合置业集团有限公司（以下简称“泰合集团”）拟受让公司控股股东四川华神 72% 的股权，成为其第一大股东，泰和集团实控人王仁果、张碧华夫妇将成为华神集团新任实际控制人。

此前，四川华神刚于 7 月 11 日承诺 6 个月内不减持其持有的公司股票，并且还拿出 403 万元增持。这次易主，四川华神虽未直接减持，但实际控制人已成功金蝉脱壳。

华神集团继 7 月 9 日发布高管增持计划后，又于 7 月 11 日发布控股股东不减持并增持承诺，当时持有上市公司 18% 股权的四川华神承诺将在股票复牌之后 10 个交易日内，以不低于 391 万元的自有资金通过证券公司、基金管理公司定向资产管理等方式增持公司股票。该承诺已于 7 月 27 日兑现，四川华神完成增持 32.32 万股，金额约 403 万元。

但是，“大股东不得通过二级市场减持”的规定并未影响上市公司易主进程，隔层股权转让成为一个有效途径。

8 月 18 日起，华神集团因实际控制人李小敏正在筹划涉及公司控制权变动的重大事项而停牌，公司随后于 31 日披露，泰和集团拟受让上海华敏投资管理有限公司、周蕴瑾持有的四川华神各 48% 和 24% 的股权，成为四川华神的第一大股东。

交易完成后，李小敏将不再间接持有上市公司股票。此举意味着，虽然李小敏在二级市场一股未减持，却同样实现了套现退出，“金蝉脱壳”之计堪称完美。

※取得控制权的4种基本方法

(1)增发新股

借壳公司向借壳方定向增发新股，并达到一定比例，使收购方取得控制权。

广电信息与百事通

广电信息是中国电子信息行业的大型骨干企业之一，主要从事数字光学电视、等离子彩电、LCD液晶彩电、LED显示屏以及通信类设备、网络、IT类产品的研发、生产和销售，公司连续数年名列中国电子信息产业百强企业前茅。

百视通公司（BesTV）是国内领先的IPTV新媒体视听业务运营商、服务商，由上海文广新闻传媒集团（SMG）和清华同方股份公司合资组建。BesTV依托SMG，拥有强大的视听内容创意与生产、交互产品研发与应用、新媒体管理与运营的综合优势；同时，BesTV在网络电视（IPTV）技术方面与微软、Cisco等国际公司合作，拥有业界领先的运营管理平台。

由上海广播电视台下属的东方传媒出资19.9亿元，受让仪电集团所持有的广电信息2.59亿股股票，占总股本的36.6%，折合每股7.67元；广电信息将绝大部分经营性资产出售给仪电集团，置出资产评估值约32亿元。

广电信息向东方传媒、同方股份等公司以现金和定向增发股份的方式购买百事通技术100%股权、文广科技100%股权、广电影视制作100%股权、上海信息投资股份有限公司21.33%股权，上述资产的预估值约43亿元，定向增发的价格同样为每股7.67元，但最终发行数量待定。

（2）对借壳公司进行资产重组

这包括原有公司资产负债置出和借壳企业资产负债置入。

苏宁环球借壳ST吉纸

法院对资不抵债的上市公司ST吉纸先行宣告破产，投资人苏宁环球再将其优质资产置入上市公司空壳之中，上市公司控股股东再以象征性价格出让上市公司控股权。苏宁环球并购ST吉纸并成功借壳上市的步骤为：

（1）进入破产程序，解决债务纠纷。

2005年4月30日，吉林市中级人民法院受理关于债权人申请公司破产的事项。2005年8月15日，在吉林市中级人民法院的主持下，ST吉纸与债权人达成和解协议，债权人同意公司以全部资产抵偿全部债务，抵偿后公司净资产为0。

（2）一次性清偿债务，实现净壳。

为按期履行和解协议，ST吉纸与吉林晨鸣纸业有限责任公司（以下简称“吉林晨鸣”）签署了《资产收购协议》，并与吉林造纸（集团）有限公司（以下简称“纸业集团”）签署《承债式收购资产协议》，将其全部资产分别转让给吉林晨鸣和纸业集团。资产转让和债务重组完成后，ST吉纸成为无资产、无负债、无业务的“净壳”公司。

（3）苏宁集团将资产置入。

苏宁集团将持有的南京天华百润投资发展有限公司95%的股权和南京华浦高科建材有限公司95%的股权，按经评估确定的价值40277.90万元转让给ST吉纸，并豁免ST吉纸由于受让上述资产而产生的全部债务，即ST吉纸将无偿获得价值40277.90万元的经营性资产。

（4）苏宁集团收购股权，实现对上市公司的控制。

以收购人挽救ST吉纸的行为为前提条件，ST吉纸控股股东吉林市国资公司按收取苏宁集团1元象征性转让款的方式，向苏宁集团转让其持有的ST吉纸全部50.06%的股份。资产置入完成后，ST吉纸净资产从0恢复至40277.90万元，每股净资产从0元上升为1.01元。

资产重组和股权重组后，上市公司由造纸及纸制品生产经营企业变为房地产经营开发企业，其名称由吉林纸业股份公司变更为苏宁环球股份公司，相应的，股票简称也由“ST 吉纸”更名为“苏宁环球”。

（3）股份转让

收购方与借壳公司原股东协议转让股份，或者在二级市场收购股份取得控制权。

金融街集团与华亚现代纸业

1999 年 12 月 27 日，华西包装集团与金融街集团签订了股权转让协议，华西包装集团将其持有的 4869.15 万股（占总股本的 61.88%）国有法人股转让给金融街集团。2000 年 5 月 24 日，金融街集团在中国证券登记结算公司深圳分公司办理了股权过户手续。

2000 年 7 月 31 日，重庆华亚更名为“金融街控股股份有限公司”（以下简称“金融街控股”）。之后，金融街控股将全部资产及负债（连同人员）整体置出给金融街集团，再由华西包装集团购回；金融街集团将房地产类资产及所对应的负债置入公司，置入净资产大于置出净资产的部分作为金融街控股对金融街集团的负债，由金融街控股无偿使用 3 年。

2001 年 4 月，金融街控股注册地由重庆迁至北京。至此，金融街集团实现借净壳上市。2002 年 8 月，公司公开增发融资 4.006 亿元；2004 年 12 月，公开增发融资 6.68 亿元；2006 年 12 月 27 日，定向增发融资 11.81 亿元，累计融资 22.96 亿元。

（4）间接收购方式

收购方通过收购借壳公司的母公司或与母公司“联姻”，取得对上市公司的间接控制权。

复星集团成功控股南钢股份

复星集团收购南钢股份采取的是与上市公司母公司合资成立新公司的方式，投资人复星集团成为新公司控股股东；上市公司母公司，则以其所持有的上市公司股权出资。

2003 年 3 月，南京钢铁集团有限公司（以下简称“南钢集团”）与上海复星高科技（集团）有限公司、上海复兴产业投资有限公司和上海广鑫科技发展有限公司三方共同签订合同，合资成立了南京钢铁联合有限公司（以下简称“南钢联合”），四方出资比例为 40%、30%、20%、10%。

在取得财政部的批准后，南钢集团以其所持有的南钢股份 35760 万股国有股及其他资产负债对南钢联合增资。最终的结果，来自“复星系”的两家公司占南钢联合 50% 的股权，使“复星系”间接成为南钢股份的实际控制人。

但是，借壳也容易引发一些负面问题，诸如：滋生内幕交易、高价壳资源扰乱估值基础、削弱现有的退市制度等。

中国证监会于 2016 年 9 月发布了《关于修改〈上市公司重大资产重组管理办法〉》，旨在规范借壳上市行为，次年 9 月，又发布了《公开发行证券的公司信息披露内容与格式准则第 26 号——上市公司重大资产重组（2017 年修订）》，对资产重组披露行为进行了严格规范。

国家监管政策的日趋完善和壳资源价格的日益飙升，也导致借壳上市日渐困难。